メルロ＝ポンティの表現論

小熊正久

言語と絵画について

東信堂

i

まえおき

> 沈黙せる言語が存在することを、また、絵画はそれ自身
> の流儀で語っていることを理解することからはじめよう[1]。

　言語表現はどのようにして他者に通じるのだろうか。

　絵画表現の特質は何だろうか。

　それらの表現の創造性はどのように捉えられるのだろうか。

　通常、人と話をしたり絵を見たりしているときに、このような問いについて考えることはほとんどないであろうが、改めてこうしたことがらを考えてみると、なかなか答えることはむずかしいのではないだろうか。どこから考えたらよいか見当もつかない、と思う人も多いかもしれない。しかし、これらの問いが人間の営みの中核部分に関連していることもまた確かであろう。言葉や絵などの画像のない生活はほとんど考えられないほどだからである。

　二十世紀のフランスの哲学者メルロ＝ポンティは、こうした問題に取り組むとともに、表現媒体という観点から、言語と絵画とその意味について考察した。

　本書では、メルロ＝ポンティの思想を紹介し、「言語」と「絵画」という「媒体」とその「意味」に関する考察の入り口としたい。

　フッサールとメルロ＝ポンティは、私にとって学生の頃から馴染み深い哲学者であった。あるときに、「言語」と「意味」についてのフッサールの考え、とくに、語や文の「意味のイデア性」（理念性つまり不変性）という思想を集中的に考察した。その考えに半分納得しながらも、それを、刻々と変化する「身体」や「言語」や「世界」との関連でどのように位置づけたらよいか、なかなかよい方策が見つからなかった。それは、結局、「言葉がどのようにして通じるのか」、「一般に言葉の意味がわかると言うが、その意味とは何か」という疑問と関連する。

メルロ＝ポンティの言語についての思想を参考にし、また、ソシュールの考え方にもあたってみた。だが、「意味とは何か」ということをどう扱ったらよいのか、なかなかはっきりしなかった。「意味」やその「イデア性」という事柄を否定することもできず、かといって、「意味」を何かほかのことがらと言い換えて説明しようとしても、なかなかうまくいかなかった。

なんとか納得できるように思ったのは、それほど前のことではなく、授業などをきっかけとして、ソシュールの言う語の「連合関係」やその例について考えたときのことである。結局、ソシュールがあげているような「連合関係」を身につけ、使うことができるということが「意味がわかる」ということなのではないかという考えに達した。また、そうすると、「意味のイデア性（理念性つまり不変性）」についても、「言語（記号）体系」と相関的なものとして考えることもできるかもしれないと思われた。

言語だけでなく経験や絵画も意味をもつということが、本書のもう一つの主題である。それを、フッサールの「経験」についての思想、メルロ＝ポンティの「知覚」についての思想を参考にして考察した。このことは、絵画についてのメルロ＝ポンティの考えにも通ずる。この点で重要なのは、知覚も一つの行為であり、それにともない、知覚は、未完結、不完全、多義的であるということである。

絵画は現実の風景を写すものなのかどうか、ということが問題にされることがあるが、見られた「現実の風景」自体が不完全なのであるから、特定の、「典型的」と言われるような見方を想定しなければ、文字通りにそれを「写す」ということも想定できないのではないか。こうした考えをもとにして彼の「絵画論」を追った。

大学での講義が本書の構想のもとになっている。講義の際の印象は、メルロ＝ポンティの考えや文章はそのままではわかりにくい面もあるが、フッサールやソシュールの思想を参照しながら考えると、理解しやすく、言語や絵画について具体的に考察するための手がかりを多く含んでいるということであった。

ただし、本書は言語や絵画の考察の入り口である。本書の論述のさきには、さらに考察すべき問題も残っている。

コミュニケーションと芸術の意義についての基礎考察の一助としていただければ幸いである。

注

1　メルロ＝ポンティ『間接的言語と沈黙の声』(邦訳 70 頁)。

目次／メルロ＝ポンティの表現論——言語と絵画について——

まえおき　i

序　論　……………………………………………………………………　3

第1章　古典的哲学における表象の理論………………………　7

第1節　プラトンのイデア論　7
1　イデアの諸規定　7
2　イデアの諸特徴　8
3　イデアに関する諸注意　9
4　イデアと対話　10
5　イデア論の含意　10
6　「絵画」に対するプラトンの評価　11

第2節　エピクロス——エイドーラによる視覚論　12

第3節　デカルトの哲学と視覚論　14
A　デカルトの哲学　14
1　方　法　14
2　懐疑から私の存在へ　15
3　自我の本質　16
4　神の存在とその誠実　17
5　物体と自然　17
6　心身二元論とそれに関わる問題　17
7　心身問題に関連して　18
8　観念と認識　19
9　実体の概念にそくしたデカルト哲学のまとめ　19
B　デカルトの視覚論とそれに対する批判　20
1　デカルトの視覚論　20
2　デカルト視覚論へのメルロ＝ポンティらの批判　22

第4節　ロックの認識論と言語論　25
A　観念について　25
1　単純観念の形成　26
2　複合観念　27

vi

　　　B　言葉について　27

　　1　観念の記号　27

　　2　一般名辞について　28

　　3　他者のもつ観念と実在への関連　28

　　4　音と観念との結合　29

　　5　知識について　30

　　6　真理について　30

　第5節　バークリー——「抽象観念」への批判　32

　第6節　カントの認識論——感性・悟性・想像力　35

　　1　認識能力の区分　35

　　2　感性の理論（知覚の理論）　36

　　3　悟性の理論　38

　　4　図式（感性と悟性を媒介するもの）　38

　　5　理　性　40

　　6　「図式」についての補足　41

第2章　ソシュール言語学とメルロ＝ポンティの解釈………　45

　第1節　分類と差異——アリストテレスの「定義」を手がかりに　46

　第2節　ソシュールの言語理論　48

　　1　言語記号の両側面　49

　　2　音素列と意味の恣意性　50

　　3　音素および音素列の同一性　50

　　4　意味の同一性　51

　　5　音素列の存在の重要性　52

　　6　音素列と意味の対応を再考する　52

　　7　語の「連辞関係」と「連合関係」　53

　　8　差異と関連性の体系　55

　　9　語の「意味」の再考　59

　　10　言語と意味の変遷　61

　第3節　メルロ＝ポンティのソシュール理解　63

第3章　現象学の諸問題　………………………………………　71

　第1節　記号・表現・意味　72

　　1　記号と表現の区別　73

目 次 vii

2 意味と対象の区別　74

3 意味付与作用（意味志向）と意味充実作用　75

4 知覚的意味の問題　76

5 記号の役割の再考　78

第2節　言語的意味と前言語的意味　80

1 前述定的経験　80

2 連 合　83

3 メルロ＝ポンティによる知覚野の記述　85

4 二つの意味の層　86

5 二つの層の関連　87

6 本質看取　89

7 命題の意味の同一性について　93

第3節　身体の現れ方と身体の志向性　95

1 主体的身体　95

2 客体的身体　96

3 主体的身体と客体的身体の統合　97

4 身体の志向性（知覚の場合）　98

第4節　間主観性と他者理解の問題　99

1 他者の存在の問題　99

2 フッサールと「間主観的世界」の意味　100

3 自己投入による他我の理解　101

4 他者の行動の理解（メルロ＝ポンティによる説明）　102

5 志向的な行動の理解　105

第5節　フッサールによる画像意識の解明　107

1 画像意識の構造と問題　107

2 統握の複合による説明　108

3 像客体と像主題の関連　109

第4章　メルロ＝ポンティの絵画論 …………………………115

第1節　描くことの前提としての知覚　116

1 感覚と意味の一体化としての知覚　116

2 身体的行為としての知覚と知覚野　118

3 有意味な行動の知覚　119

4 知覚とスタイル　119

viii

第2節　絵を描くこと　121

　1　スタイル　121

　2　絵画の在り方　122

第3節　絵画の手法　123

　1　絵画と身体の存在　123

　2　描く現場　126

第4節　絵画における意味　127

　1　サルトルとメルロ＝ポンティ　127

　2　「絵画における意味」と「言語における意味」　130

　3　画像上の意味　131

第5節　カンディンスキーによる絵画表現の考察　132

　1　「要素」と「組み立て（コンポジション）」　132

　2　非対象絵画と対象的絵画　133

　3　言語表現と絵画表現の体系　134

　4　システムとスタイル　135

まとめ：言語的表象と絵画的表象、連合関係 ……………………139

振り返りとさらなる問題……………………………………………143

　振り返り　143

　さらなる問題　145

　参照文献　147

　参考図　151

　あとがき　155

　事項索引　157

　人名索引　158

メルロ＝ポンティの表現論——言語と絵画について——

序　論

　われわれは自分を取り巻く世界の物事について知識を得たり、行動したり
しながら生きる。その際、世界の物事を捉える仕方が「表象」と呼ばれるが、
その語義は広く、知覚、想起、記憶、想像などの「思い浮かべること」とともに、
言語、画像などの「表現」をも含む。そのなかで、とくに言語と画像は、動画、
インターネット、画像処理などの媒体にかかわる技術の進展とともに、コミュ
ニケーションの基本的要素として、重要性をもつにいたっている。

　本書では、こうした「表象」にとって基本的な、「言語とは何か」、「絵画と
は何か」という問題を考察する。

　言語においては音列ないし文字が表象や表現の「媒体」となり、絵画にお
いては画布や絵の具などのように或る種の知覚されるものが、その「媒体」
となる。その点から言えば、本書の問いは、言語表現についても、絵画に
ついても、そうした「媒体」が、どのようにして「有意味な表現」であるのか、
そして、その内容や意味がどのようにして「他者」に伝わるかということで
ある。

　筆者にとって、そうした問題を考える上で、もっとも本質的であり納得が
いくと思われるのは、メルロ＝ポンティの思想である。とはいえ、歴史的な
背景や影響関係も顧慮する必要があるので、本書では、哲学史の中で、表象
ないし表現に関連する思想を取り上げながら導入とし、最終的にメルロ＝ポ
ンティの考えを紹介することによって、上の目標に接近したい。

　伝統的には、知覚や絵画に関連するのは「感性」のはたらき、言語に関連
するのは「悟性」（知性）のはたらきとみなされてきた。そうした事情で、導
入的部分は、ある程度、そうした区分に沿った説明となっている。

4

　本書の論述は以下の章に分けられる。各章の内容を簡単に紹介しておこう。

第1章　古典的哲学における表象の理論

　古代と近代の思想の中から、言語および絵画の考察と関連が深い思想を紹介する。

　「思い浮かべること」という意味での「表象」についての考察は古く、おそらく、「人間の心」と「世界の物事」を分けて考えるようになるとともに、「世界の物事をどのように捉えるか、何として捉えるか」という疑問とともに生じてきたと考えられる。ギリシアにおけるその試みとして、知性的把握に関しては、プラトンの「イデア論」をあげることができる。他方、感覚や知覚による把握に関しては、原子論の流れを汲む哲学者エピクロスの「エイドーラ」の説をあげることができる。

　近代においては「観念」(idea) および「感覚」が「世界の物事」と「心ないし精神」とをつなぐもの (媒体) と考えられるようになる。そのなかで、近代の基本的な思想として、デカルトの「心」と「身体」及び「世界」とを峻別する見方を紹介し、その枠組みの中での「視覚」についての生理学的な見解も概観する。その際、デカルトに由来する生理学的な見方に対するメルロ＝ポンティなどの批判的態度を紹介する。

　つづいて、ロックの経験論の思想を検討する。ロックは、感覚と反省による「観念」の形成と観念を伝達するための「記号」の役割を重視したという点で重要性をもつ。彼のコミュニケーションの考えは、われわれにとってイメージしやすいものであるが、さらにどのようなことが問題になるかも含めて、みておきたい。そのために、バークリーの思想も参照する。

　ついで、カントの考えを概観する。カントは、認識を「感性」と「悟性」と「想像力 (構想力)」という心的能力からなると捉え、認識論を構築した。それらは、表象や表現を考える際に重要性をもつとともに、とくに「想像力 (構想力)」による「図式」という考えは、「感性」と「悟性」を媒介する役割をもつものとして、興味深いものである。

第2章 ソシュール言語学とメルロ＝ポンティの解釈

前章でみられる諸問題との関連で、言語「記号」についてのソシュールの思想を概観し、そのあとで、それを基盤としたメルロ＝ポンティの言語表現の理解を考察していく。ソシュールは、「記号」について、「差異」という観点から「音(ないし文字)」と「意味」という両面の考察を行った。なお、その「差異」について考える準備のために、最初に、アリストテレスの「類と種差」による「分類」や「定義」の考えを紹介しておく。

第3章 現象学の諸問題

メルロ＝ポンティの絵画論につながるフッサールの現象学的な考え方をいくつか解説する。最初の二節では、フッサールによる「言語的な判断」と「判断以前の経験」における「意味」の問題をあつかい、第3節では、フッサールとメルロ＝ポンティの「身体」および「他者」(間主観性)の問題の扱いを考察する。最後に、メルロ＝ポンティの絵画論と関連するフッサールの「画像意識」についての考えを説明する。

第4章 メルロ＝ポンティの絵画論

メルロ＝ポンティはソシュールの思想を枠組みとした「言語論」を参照しながら、「知覚の意味」、「身体の存在」、「他者」の考察を踏まえて、「絵を描くこと」を解明しようとしている(『間接的言語と沈黙の声』、『世界の散文』、『眼と精神』など)。彼はまた、表現の「スタイル」や創造的な表現手段の使用についても言及している。彼の考えを追いながら、「絵画的表現」の特質を考える。

そして、最後に、メルロ＝ポンティに従い、「言語表現」と「絵画的表現」をそれぞれの「システム」や「意味」の面から、対比的に考察する。その際、カンディンスキーの考察も参考にする。

モーリス・メルロ＝ポンティ (Maurice Merleau-Ponty) の経歴を記しておこう。

1908年3月14日 フランスに生まれる。

1926 エコール・ノルマル・シュペリュールに入学、在学中サルトルらと知り合う。

1930　哲学の大学教授資格試験合格。

1931-1933　パリの高等中学校の哲学教授。この時代フッサールの現象学に親しむ。

1945　サルトル、ボーヴォワール、ミシェル・レリスらとともに雑誌『レ・タン・モデルヌ』を創刊。

1949　パリ大学文学部教授。

1952　コレージュ・ドゥ・フランス教授に就任。

1961年5月3日パリの自宅で『見えるものと見えないもの』を執筆中に心臓麻痺のため急逝。

　メルロ゠ポンティのおもな著作は以下のとおりである。『行動の構造』(1942)。『知覚の現象学』(1945)。『ヒューマニズムとテロル』(1947)。『意味と無意味』(1948)。『哲学をたたえて』(1953)。『弁証法の冒険』(1955)。『シーニュ』(1960)。『眼と精神』(1961)。『言語と自然』(1968)。『世界の散文』(1969)。『見えるものと見えないもの』(1964)。

　本書が主な典拠の一つとする『間接的言語と沈黙の声』は、当初は『レ・タン・モデルヌ』の1952年6月号、7月号に分けて掲載されたが、それらが合わされ、1960年に『シーニュ』に収められた。

メルロ゠ポンティ

第1章　古典的哲学における表象の理論

　「表象」とは、広い意味で「何らかの物事を思い浮かべる／思い浮かべさせること」であるが、考えること、知覚すること、想像すること、さらに、言語や絵画によって表現したり理解したりすることなどがそれに含まれる。このうち、本書では、他者に向かって媒体によって表すことを「表現」と表記する。これらに関連をもつ主要な哲学者の考えを追いながら、次章以降で「表象」に関して問題になることがらをみておきたい。

第1節　プラトンのイデア論[1]

　プラトンはその師ソクラテスの死後、ソクラテスの問い（「徳とは何か」、「善とは何か」、「美とは何か」など）を受け継ぎ、対話篇と呼ばれる書物を数多く著した。その際、そのような問いが求めるもの、すなわち「～とは何であるか」を表すものを「イデア（idea）」と名づけた。たとえば、「善のイデア」は、「善とは何であるか」を表し、それは、さまざまな行為やさまざまなものが、それに照らして善なる行為、善なる人、善なるものなどと呼ばれうるものである。そこで、「イデア」は「原型」ないし「模範」を意味するものと考えられる。なお、日常語としての「イデア」というギリシア語の意味は「姿、形」ということであり、その語をプラトンは「原型」という意味で使ったのである。

1　イデアの諸規定

　桜の木を例にとれば、多くの個々の桜の木を成立させている共通の「原型」が存在すると考え、それをプラトンは「イデア」と呼んだ。それは、われわ

8

れが個々の桜の木を同じ種類のものとみる「判断基準」である。われわれは「桜が何であるか(桜のイデア)」を知っているゆえに個々の桜の木を「桜」と見分けることができる。

さらに、「桜の木であること(桜のイデア)」が、ここにもそこにも現れているということから、個々の桜の木は「桜のイデア」に関与している、とプラトンは言う。なお、「関与」とは、「関わっている」、「共有している」、「分けもつ」という意味である。

物事の分類という観点から「イデア論」をみると次のように考えられるであろう。われわれが「一本の桜の木を見る」と言えるのは、それをほかの桜の木と同類のものと理解している場合である。こうしたことは「知る」という活動の出発点と言えるほど重要な事柄であるが、プラトンは、同類のものを一括する「何であるか」を、そして、さまざまな場面に現れている「何であるか」の特質を、「イデア」と呼ぶのである。以上の「イデア」の規定をまとめると次のようになる。(以下、「イデア」の諸特徴をaからiまで順次提示することとする。)

a)イデアとは、個々の物事が「何であるか」を表す「原型」である。定義のようなことがらがその内実となる。

b)イデアに「関与」することにより、個々の物事はしかじかの種類の物事としてある。

2 イデアの諸特徴

プラトンの『パイドン』によれば、「三角形のイデア」である「三角形性」(三角形であること)はさまざまな三角形において現れているが、「三角形性」そのものが「四角形性」に「変わることはない」。同様に、美しい物が美しくなくなることはあるが、「美しさ」そのものが(たとえば「醜さ」に)「変わることはない」。こうして、「イデア」は不変であるとされる。

黒板に描かれた図形などは、本当は不正確なものにすぎない。というのも、完全に正確な図形であれば、線は幅をもってはならず、点は面積をもってはならないからである。

このように考えると、完全に正確な図形は目には見えないはずである。し

かし、われわれはそれを理解し、幾何学の証明などでそれを使うのである。そこで、プラトンは、われわれは、目には見えない「イデア」を「精神によって理解している」と言うのである。

こうして、プラトンは、イデアは個々のものの原型として存在する「イデア」を真に実在するもの（真実在）と考えており、個々のものを、「イデア」の影ないし模倣物と位置づけている。

こうしたイデアの特徴を個物のあり方と対比しながらまとめておこう。

c）　個々のものは変化するのに対して、イデアは変化しない。

d）　個々のものの存在は感覚によって捉えられるのに対して、イデアは精神ないし魂によって捉えられる。

e）イデアは個物の原型であり、真なる存在（真実在）である。

3　イデアに関する諸注意

そのほか、「イデア」に関して生じうる疑問について説明しておこう。

f）「イデア」と「個々のもの」との関係は下図のように描けるかもしれないが、「イデア」のほうは、何か特定の三角形や美しい馬のようなものによって描かれるものではないこと、つまり、「イデア」と「個々のもの」の類似は意味を持たないということに注意しなければならない。そうでなければ両者は同列のものとなるからである。

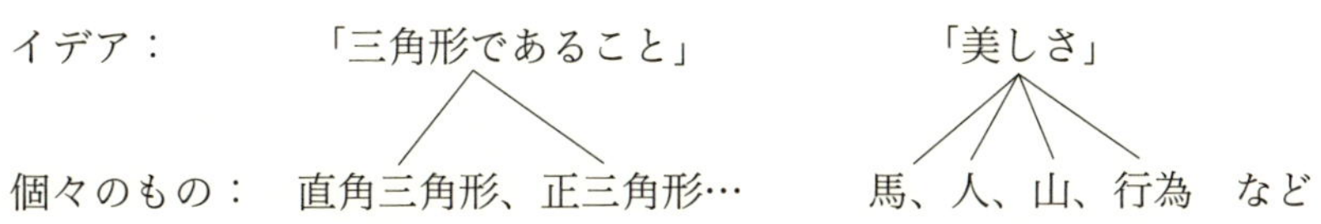

イデア：　　　　「三角形であること」　　　　　「美しさ」

個々のもの：　直角三角形、正三角形…　　　馬、人、山、行為　　など

g）イデアは実在するとともに、魂の中にも存在している。だがそれは、忘却されていたり潜在的であったりしうるため、よく知られていないことはありうる。それゆえ、イデアが表す「〜とは何か」を「対話」によって明らかにすることが必要となる。つまり、イデアの認識の方法は「対話」である。対話によって、矛盾なく、イデア相互の関連も過不足なく定義することがイデアの認識である。そのような対話を経ていなければ、イ

デアについての間違った理解もありうるのである。

h）イデアとは、大略的にいえば、「本質」、「普遍的な概念」、「観念」のことである考えても差し支えはない。ただし、プラトンは、それが何らかの仕方で「実在する」と言うのである。

i）「桜のイデア」といえば、それは、桜を「ほかの木」から区別する特徴の集合、「ソメイヨシノのイデア」なら「ソメイヨシノ」を「しだれ桜」などから区別する特徴の集合と考えることができる。その際、「ソメイヨシノのイデア」は「花」と「桜」のイデアをも含むことになるが、そのような重複は支障とはならない。

4 イデアと対話

ここまででみてきた、イデアをあらわす概念の確定性、幾何学への言及、対話（ディア・ロゴス）の重要性などを考慮すると、イデア論においては、幾何学や幾何学的概念のようなものが少なくともある時期までイデアのモデルとして考えられていたように思われる。少なくとも初等の数学や幾何学では、数や図形の概念や概念相互（円と楕円、四角形、菱形）の関係は厳密に定まっているからである。そして、そのような概念の在り方が、「善」・「悪」、「美」・「醜」、「徳」、「正義」、「知」、などの概念にも可能だというのがプラトンの信念だったように思われる。それを「対話」によって知ることが真の認識ということになるであろう[2]。

「対話」および「言葉（ロゴス）」の重視は次の言葉からも伺えることである。

　　……いっそう美しく、いっそう偉大なものである非物体的なもの［イデア］について言えば、それらは、ただ言葉（ロゴス）を通してのみ現れてくるのだ。そして、他のどんな手段によっても、明晰には現れてこないのだ[3]。

5 イデア論の含意

さて、プラトンの対話篇[4]の叙述から、「言語」や「絵画」の考察をめざす本書のテーマにとっての含意を考えてみよう。

第1章 古典的哲学における表象の理論 11

「イデア」を「われわれがものごとを理解するときの内容」を表すものとして考えると納得のいくことが多い。たとえば、三角形のイデアは、様々な三角形に共通の内容（三角形であること、三角形性）を表す。このことは、対話におけるロゴス（言葉）の重視からも言えることである。

こうした考え方は、デカルトやイギリス経験論における「idea 観念」という考えにも受け継がれている。

こうした考えは、われわれが現在、言葉の「意味」と言っているものに近いのではなかろうか。言葉の「意味」とは何かということは、これから追究すべき大きな問題[5]であるが、筆者には、プラトンの「イデア」は、われわれが「言葉の意味」として理解していることだとするのが最もわかりやすく、ひとまずそのように理解しておくことが可能だと思われる。

以上では、言語の「語」の理解に相当することを例としてきたが、「文」を理解する場合の内容についても同様に考えることができるであろう。たとえば、「三角形の三つの垂線は一点で交わる」、あるいは、「２０１１年３月１１日に東日本大震災が起こった」という文の意味は、誰がそれを発言しようとも、いつも同じ内容であるように思われる。なんらかの事情（例えば調査の結果）により、文の「真」・「偽」が以前に考えられたのとは異なることになるとしても、上の文の「意味内容」は同じであるように思われる。こうした特徴をもつ「命題の意味内容」のことを、われわれがのちにみるフッサールは「イデア的（理念的）である」と特徴づけ、その性質を「イデア性」と呼んでいるのである。

6 「絵画」に対するプラトンの評価

プラトンは、対話篇『国家』（第十巻）のなかで、絵画についての思いを述べている。目の前に見える「樹木」は「樹木のイデア」に似てはいるが、それと異なる模倣物のごときものである。ところが、「画家が描く樹木」は、さらに、「見られる樹木」の模倣である。こうして、彼は、絵画は、真理であるイデアから二段階隔たった模造品であると考えた。また、同様なことは、言葉による模倣である詩や物語についても成り立つという。

プラトンは、ソクラテスに由来する対話的な活動、つまり、言葉による活

動こそ真理にいたる道と考え、詩人や画家の活動をそれとは区別するという意図をもっていたものと考えられる。

だが、「イデア」の考えは、プロチノス、中世、ルネッサンスなどにおいて、絵画や芸術における「理念」を表すものとも理解されていった。それは、ミケランジェロのような芸術家にも見られることである[6]。

第2節　エピクロス──エイドーラによる視覚論[7]

エピクロスの自然学は、デモクリトスなどに始まる原子論の系統に属する。「自然」は次のように説明されている。

物体の、目に見えない不可分の最小単位が「原子（アトム）」と呼ばれ、無数の「原子」と無限な「空虚（場所）」が真に存在するものとされている。原子はさまざまな形をもっており、永遠に運動する。そうした原子が集まって目に見える物体となっている。

また「魂」も、一種の物体として理解されている。すなわち、「魂」は微細な部分からなる物体で、身体全体に行きわたっている。「魂」は、感覚が生じる際の主要な原因であるが、身体全体が分解すれば、「魂」も分散するから、その時にはもはや感覚はない。

以上を基盤として、「視覚」は次のように解されている。

物体の表面からたえずその物体の「影像（エイドーラ）」と呼ばれる薄片が飛び出す。これが感覚器官を通って魂に達することにより「感覚」（視覚的感覚）が生ずる。以上がエピクロスの考えである。

さて、この説の意味するところを、ロンバード著『ギブソンの生態学的心理学』[8]を参考にして、もう一歩突っ込んで考えておこう。

ロンバードは、「エイドーラ説」は、「知覚者と世界が因果的に『接触』することによって視覚が成立する」と説明する三つのタイプの仮説の一つであると整理している。その三つのタイプとは以下の通りである。

　　1：何か（光線）が眼から出ていって世界に接触する。

　　2：何かが世界からやってきて感覚器官に接触する。

　　3：感覚器官と世界は媒体で結びついている。

ロンバードによると、1のタイプにはピタゴラスや幾何学で有名なユークリッドが属し、2にはエピクロスが、そして、3にはアリストテレスやデカルトが属する[9]。

ここでは、エイドーラの説のみをみておくが、それは、以下のような「シミュレーション仮説」と「ホモンキュラス仮説」を含んでいる、と彼は言う。

「シミュレーション仮説」とは、「対象の像が魂の中に入る。魂はその内部に世界の複製（simulacrum）を取り入れることによって世界を知覚する」とする説である。われわれはこの説を「複製仮説」と呼ぶことができる。

次に、「ホモンキュラス仮説」における「ホモンキュラス」とは「小人」（homonculus）という意味であり、その説は、「視覚的な像は、身体の『内部において』何か眺められるものとして捉えられて」おり、「小人」がそれを眺めることによって視覚が成立するという考えである。これを、「小人仮説」と呼ぼう。

以上の二つの考えをまとめて、「エイドーラ説」は次のように表現できるであろう。知覚とは、「魂の中の小人による、魂の中の形（複製）の内的観察である」、と。

さて、この説については、二つの不都合な点を指摘することができるだろう。

第一に、「エイドーラ」と呼ばれる像が眼球を通って魂に到達するということは、とくに刺激の伝達が神経によると考えられている現代では、文字通りには考えられえない、という点である。

第二に、魂が像を見る（あるいは小人が像を見る）という過程が説明されないままに放置されており、しかも、「見ること」の説明をするために、魂の中の小人が像を「見ること」を使うという、循環的な説明になっているという点である。「像を見ること」は、単なる「見ること」と同様に、説明を要することなのである。

次節では、心と世界の事物との関係を考察し直し、心と身体を峻別した上で、視覚についても、光と神経を媒体と解して考察したデカルトについてみることにしよう。「複製仮説」と「小人仮説」についても、そこで再び言及することとする。

第3節　デカルトの哲学と視覚論[11]

デカルト

A　デカルトの哲学
1　方　法

　中世の末期において、宇宙観や神の考えについて、大きな変動があった。それを受けて、デカルトは新しく世界全体について考察し、新しい学問を建設するに当たって、学問の第一の原理を見定め、その第一原理から演繹的に学問をつくろうとする。この点で、デカルトはユークリッド幾何学のような演繹体系（経験によらずに証明できる体系）を模範とする。

　その際、デカルトは、学問の第一原理は、少しでも疑う余地のあるものであってはならないと考える。そこで、彼は、果してあらゆる学問を支えるに足る確実な原理があるだろうかと問い、それを確かめるために、疑わしいものは全部疑ってみなければならない、と考えた。どんなに疑っても疑いえないものが残るならば、それこそ「第一原理」であるということになる。こうした原理を求めて行う懐疑は、「方法的懐疑」と呼ばれる。

2 懐疑から私の存在へ

　最初にデカルトは、感覚が確実であるかどうかを考察する。遠くから見れば丸い塔も近づいてよく見れば角塔であるということがあるし、太陽も実際よりはるかに小さく見える。そこで、感覚が疑いえない確実性をもつとするわけにはいかない。

　もっとも、感覚によることのなかにも疑いえない点があるようにみえる。たとえば、今私が暖炉のそばに座っていること、冬の服を着ていること、この紙片を手にしていることなどは、なかなか否定できない。また、私が身体をもっていることも同様である。しかし、われわれは夢の中でしばしば同じことを経験する。着物を脱いで床の中にありながら、冬の服を着て暖炉のそばに座っている夢を見る。しかも自分の見ているのが夢であると思ってはいない。こうしてみると、夢と覚醒とを区別する確実な標識はない。それゆえ、デカルトは、このような事柄にも疑う余地はあるとする。

　だが、もっと疑いを容れる余地のないように思われる「数学的真理」についてはどうであろうか。デカルトは、幾何学上の最も単純な事柄に関してさえ証明を誤る人がいるから、自分もどんなことで間違いを犯さないとも限らない、それどころか、「2＋3＝5」というような明白な推理でも、全能な神が我々を欺いてそのように推理させているのかもしれない、と考える。

　このように疑わしいものをすべて疑い、虚偽として斥けて行くとき、確実なものは何も残らないように思われる。しかし、ただ一つ疑えないことがある。それは、自分が現に今、疑っていること、思惟していることである。

　このことからデカルトは、疑い、思惟している私の存在も確実であると主張する。

　　我々は疑わしいものをすべて疑うことができる。しかし疑う私の存在は
　　けっして疑うことはできない。天も地も色も形も、自分の手も目も、「悪
　　霊」が私の信じ易い心に罠をかけた夢の幻影にほかならないとしても、
　　疑い考えているということは確実である。私、思惟している私の存在は
　　絶対に確実である。

16

　こうしてデカルトは、「私は思惟する、故に、私は存在する」(cogito, ergo, sum) ということを最も確実な学問の「第一原理」と認めることになる。なお、ここでデカルトが、「私の存在が確実なのは、私が思惟している間だけである」と言っていることは注目に値する。

　彼は、この「第一原理」と認められた事柄から、次にみていくような、いくつかのことを導き出す。

3　自我の本質

　デカルトは、「私は思惟する、故に、私は存在する」という命題から、最初に、「自我」の本質 (「自我」つまり「私」とは何か) を規定しようとする。疑わしいものをすべて疑っても、思惟だけは疑うことができなかった。それゆえ「私」の本質は思惟であり、「自我」は本質的に「思惟するもの (res cogitans)」、すなわち「精神 (animus)」という「実体」である。思惟作用は、そうした「実体」の働きということになる[11]。そして、より具体的に言えば、「思惟する」とは、「疑い、知解し、肯定し、否定し、意志し、意志せず、また想像し、感覚する」ことである。なお、第2項でみたように、身体の存在は疑いを容れる余地があるということにより、この場合の「感覚する」ということからは「身体の媒介によって成立している」という意味合いは排除されなければならない、とデカルトは考える。

　彼は、上の「思惟」の諸様態を次のように区分している。

　　　　知解する、想像する、感覚する……①
　　　　意志する、意志しない、肯定する、否定する、疑う……②

　①はのちの言葉で言えば「表象」であり、②は「意志」的な要素を含む。

　以上のような、思惟の在り方については、次のことが成り立つ。思惟はただ思惟する者によってのみ「意識」され、物体の色や形のように手で触れたり目で見たりすることはできない。それゆえ、精神つまり自我は、純粋な知性としてのみ自己の本質を把握する。従って精神は物体とは根本的に異なるもので、これを感覚的知覚によって捉えることは不可能である。

4 神の存在とその誠実

「自我」の存在と本質を確認したあとで、彼は、「神の存在の証明」を行う。デカルトによれば、自我が「神」について持つ「観念」は、「この上なく完全なもの、全能のもの、無限なもの」という観念である。この「神の観念」の起源を考察することによって、彼は、次のように推論する。

われわれは「有限な存在」である。ゆえに、神の観念が表す「無限なもの」という「事象内容」を産み出すことができない。それゆえに、この観念は「無限な存在」である神に由来するほかない。それゆえ、神は存在する。

以上がその証明の骨子である。彼は他の証明も試みているが、ここでは省略する。

5 物体と自然

神の存在の証明のあと、「完全な」神は「誠実」であり、それゆえ神はわれわれをむやみに欺かないという理由から、デカルトは、われわれが通常信じている物体の存在は確実だと考える。しかし、物体の真の有様はわれわれが感覚によって把握しているようなものではなく、色、香り、味などは物体の本質に属するものではない。物体の本質は「延長をもつこと（広がっていること）」である。なお、この「延長」は「三次元の広がり」であり、物の「体積」や「容積」のようなことと理解できるであろう。これにより、たとえば、物体の運動や変化は「延長をもつもの」が相互に押し合ったり、衝突したり、隙間に入り込んだりすることによって説明されるのである。

デカルトは、「自然」とはこのような「延長」からなり、運動が次々と伝わる「機械」のようなものであり、「生きたもの」ではないと考える。この帰結として、人間以外の動物は「生きたもの」ではなく「機械」であり、人間だけは「精神」をもち、「機械」と「精神」の「合成体」であるという意味で「生きている」、ということになる。

6 心身二元論とそれに関わる問題[12]

こうしてデカルトは「自我（精神）」と「物体」はそれぞれの本質の点で異なると考える。われわれの身体も物体の一種であり、われわれの「精神（心）」と

「身体」は本質的に異なるものであるので、相互に独立であることになる[13]。

　だがこの点は、われわれの日常生活における「心」と「身体」の理解とは異なっているであろう。われわれは「心」と「身体」は知覚や行為において相互に影響しあっていると想定している。つまり手を切れば痛みを感じ、ボールを投げようと思えば、手が動くと想定しているのである。

　こうしたことを説明しようとしてデカルトは、精神は粗大な物体とは相互に作用することはできないが、両者の間に次第に微細な物体を挿入して行けば、ついにはどこかで直接に触れあうことができるに違いないと考えた。この考え方により、「動物精気」と「松果腺」の説が生まれた。それによると非常に希薄で炎のように動きやすい血液である「動物精気」が、脳の中の一室で「松果腺」と関係しあい、「松果腺」の動きが「精神」に伝わることにより、「精神」と「身体」が相互に作用するようになるというのである。下はその模式図である。

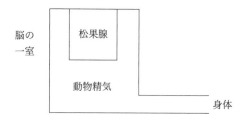

　だがこの説に対しては、物体をどこまで細分しても物体であり、両者は異なる「実体」であるから、それらがいかにして関わるのかは明らかにされていない、という批判が当時から存在した。

7　心身問題に関連して

　「心身問題」、すなわち、「意識」と「身体（脳を含む）」の関係の問題は現在でも大きな問題として論じられている。また、一種の物体としての脳がどのようにして（感覚、思考などの）「意識」をもつのかということも同様である[14]。

　本書でこの問題を扱うことはできないが、「知覚」という意識状態は、身

体と環境の状況や身体の運動と密接に関連していることは確かである。たとえば、われわれは、眼や手や身体を動かしながら知覚を行い、また、知覚は運動に反映する。そこで、「意識と身体の関係」の問題も、身体と環境の状況が意識や表象に反映されるということも含めて解明する必要があると思われる。

8　観念と認識

　デカルトによれば「考えること（思惟）」とは「精神が或る観念をもつこと」である。私が桜の木を考えること、あるいは桜の木を見ることは、桜の木の観念を持つことに他ならない。プラトンは「イデア (idea)」は何らかの仕方で心の外に存在すると考えたが、デカルトにおいて「観念 (idea)」は「精神」が有するものとされている。

　また、デカルトは世界の基礎構造をなすような観念は「生得的」であるとした。たとえば、「精神」については「思惟」やその「諸様態」の観念、「物体」については「延長」や「数」、「運動」、「位置」の観念、「神」については「無限」、「存在」などの観念がそうである。これらの「生得観念」は神によって精神に植えつけられており、その把握は経験によるのではなく精神の反省による、というのが彼の基本的な思想である。

　われわれ人間は、こうした生得観念により、世界の構造を把握しているということになる。神から与えられた「生得観念」がわれわれの認識を可能にしているのである。そこで、生得観念にもとづく世界の認識は世界を正しく表象しているということになる。

9　実体の概念にそくしたデカルト哲学のまとめ

　デカルトによれば、「実体」とは、「本当に存在するもの」、より明確には、他に依存せずに「それ自身で存在するもの」という意味で使われている。そのうち、完全な意味で「実体」なのは、「無限な実体」としての「神」である。他方、神以外のほかのものに依存しないという意味で「実体」なのは、「精神」と「自然」であり、それらは「有限実体」と呼ばれる。それらの「実体」を産み出し、不断に存在させているのも神である。「精神」は、自らが有する「生得

観念」によって、自然および精神そのものを対象として探求することができる。また、精神と自然（身体）の間には、先に見たような形で「心身の関係」が成り立つ、と考えられていた。これらは下の図のようにまとめられるであろう。

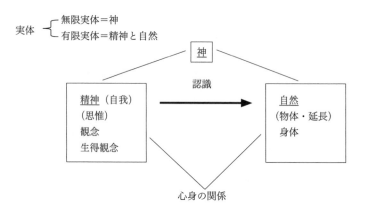

実体とそれらの関係

B　デカルトの視覚論とそれに対する批判

1　デカルトの視覚論

　先にみたとおり、デカルトは、精神と身体は異なる「実体」ではあるが、松果腺と動物精気によって、両者は相互に作用をすると考えた。この考えを基礎とした彼の視覚論とそれに対するメルロ＝ポンティらの批判を見ておこう。

　次頁の図はデカルトの『人間論』による[15]ものであるが、彼は、眼球の構造や光や水晶体により網膜に像が映ること（左）、同じ点でも両眼の網膜像における場所が異なり（右）、それらがどこかで一つに統合される、などの考察を行っている。

　このように、彼は知覚された物の網膜像については、一定の役割を与えているが、以前にみたエピクロスの「エイドーラ」説を受けいれてはいない。

　デカルトがこの考えを受けいれなかったのは、彼が心身二元論をとり、精神と身体（物体）はその本性が異なると捉えたことによると考えられる。精神

第1章　古典的哲学における表象の理論　21

の本性は「思惟」であるから、そこに、外部から「複製」が入り込むことはありえない。また、同様に、精神は延長をもたないのであるから、その中にいる「小人」が網膜像ないし精神内の像を見るということもありえない。

　だが、デカルトのこの考えを推し進めれば、以下のようになる。デカルトによれば、「思惟」の分類のなかに「想像」や「感覚」があり、「見ること（視覚）」も「思惟」の一種である[16]が、それを厳密に言えば、「見ること」は「見ると考える」（think to see）ことにほかならない。つまり、「考える実体」の活動としての「考えること」は、本来的には「知解」なのである。「見ること」は、いわば、文章ないし言語記号を知性の「思惟」によって理解するようなこと、すなわち、〈記号解読を行う思惟〉のようなことを意味することとなる。

　では、デカルトは、視覚の成立をどのように説明したのであろうか。とりわけ、〈網膜上の像〉と〈記号解読を行う思惟〉との関係はどのようであろうか。

視覚の生理学的説明

　上の図にみられたように、眼の中の水晶体は、光を屈折させるレンズとして、網膜に像を形成する役割を果たす。この像は、像の出発点である対象とある程度の類似性を常に保っている。

　つぎに、網膜上の点の配列が脳に投射される。その際、網膜上の各点は神経回路によって脳と接続されているが、その神経回路は隣接する神経回路の活動による影響は受けないとされている。従って、ある神経回路の活動は、その神経回路と結合している網膜上の構成単位の神経興奮とそれぞれ個別的

に対応している。この結果、網膜上の神経興奮の空間的パターンは脳内で再現される。このようにして、心は脳と非常に緊密に「連結されて」いるので、心は因果的に網膜と結びつけられていることになる。

こうして、「類似によって複製をつくる（シミュレートする）」という説明は斥けられてはいるが、網膜上の像のパターンが思惟にふさわしいようなかたちで提示されることになり、「対応」は保持されるということになる。

まとめれば次のようになるだろう。

デカルトは、人間の身体にも機械論的な見方を当てはめ、そこでは各々の、そしてすべての生理学的過程が、絶対的必然性によって直前の過程に後続するということになる。「因果連鎖」は、身体の外に始まり神経を経て脳に終結する、連続的な身体過程の解剖学的な流れを配置したものにすぎない。そして、知覚は、「思惟」という心的事象ではあるが、物理的事象の一方向性の継続の因果的帰結なのである。それは、網膜上の像における幾何学的関係を神経の因果的連鎖に従って、思惟の言葉に翻訳したものなのである。この翻訳は、比喩的に言えば、幾何学における図形を代数的に表現したようなものになるであろう。

2　デカルトの視覚論へのメルロ＝ポンティらの批判

こうしたデカルトの視覚論には、以下の二つの点で異論が考えられる。

第一に、ロンバードが指摘していることであるが、知覚は、環境および身体運動と相互関係にある能動的な活動であるという点がある。

たとえば、環境の中に一頭の蝶が舞っていて、それを眼で追い、捕まえようとすれば、その蝶に注意を集中するのに伴って、蝶を追って見ること、それに伴う眼球の移動、焦点合わせなどが起こり、それによって蝶から必要な刺激を受け取ることができる。こうして、知覚は時間的幅をもち、連続的で、身体的能動的な活動を伴うのである。さらに蝶を捕まえる際には、地面に対する自分の姿勢の維持、それによる空間的な上下、左右、遠近の方向づけの確立やその中での知覚的情報（色や形、動き）の配置などが必要になってくる。

ロンバードは、こうした点を、知覚と行動の「双方向性の相互依存」、「循環的活動」、「能動的知覚系」という三つの概念にまとめて、上述の機械論的

知覚観を批判した。それらは次のとおりである。
  (1) 身体を介して、知覚者と環境の間に相互依存関係が存する。
  (2) とくに、身体を介して、知覚者と環境に関して、次の図にみられるような、循環的関係が考えられる。

  (3) こうして、知覚は単に刺激を受け取るだけではなく、「能動的な活動」でもある。

なお、メルロ＝ポンティも同趣旨の批判を行っていることを付け加えておく。

第二に、ゲシュタルト心理学の研究が示すように、視野内の内容の諸特徴は視野全体の見え方に関わってくるが、それは何らかの仕方で、脳の活動と関連していると考えられる。この点について、メルロ＝ポンティは『行動の構造』の中で次のように述べている。

> 自分の前に置かれた感覚しうる客体へと眼を向ける主体を考察しよう。……知覚された対象の最も注目すべき特徴――その距離、大きさ、見かけの色――は、知覚の生理学的に先行する出来事から導出されえない、ということをわれわれは［同書の前の部分で］示してきた。神経機能の現代的理論は、それらを《横断的現象》に関係づける……[17]。

たとえば、或る色の背景［暗い背景］の上で別の色が通常より明るく見えるということは、その視野における調整によると言いうるが、それは同時に、その視野に関わる諸神経相互の［横断的］調整であり、これが「横断的現象」と呼ばれているのである。

つまり、メルロ＝ポンティは、デカルトやその流れを汲む生理学においては斥けられていた神経回路どうしの相互的関連を認めるべきであると考えるのである。

24

メルロ＝ポンティは、『行動の構造』において、こうした点を考慮して神経活動の「統合」について語り、次のようにまとめている。

　　要するに単語の了解の場合であれ、色ないし空間的位置の知覚の場合であれ、神経活動を、刺激の客観的特性によって外から発動される既定の装置の活動と考えるわけにはいかない。知覚された色ないし位置、語の意味に対応する生理的過程は、知覚のその瞬間に［視野における調整が行われるような瞬間に］臨機応変に行われ、また能動的に構成されるのでなくてはならない。それゆえ、〈機能〉は積極的な、それ自身の実在性をもつのであって、諸器官ないし基体が存在するということからの単なる帰結ではない。興奮の過程は不可分の統一を形づくるのであり、局所的過程の単なる総和から成るのではない。網膜のしかじかの興奮に続いて実際に知覚される色ないし配置は、単にその興奮の特性にばかりでなく、神経活動の固有の法則に依存する[18]。

このようにメルロ＝ポンティは、われわれの知覚野の「現象」を説明するためには、「神経活動の全体性」、「神経活動が臨機応変に変化すること」、「知覚内容は実在的世界の刺激だけでなく神経活動の固有の法則に従うこと」を考慮することが必要であると考えるのである。

　デカルト的視覚論に対するロンバードとメルロ＝ポンティの異論をまとめておこう。

　ロンバードに従えば、視覚は身体と環境との相互作用を含んでおり、対象から視覚像への因果的影響、また、神経から思考へ因果関係という一方向の因果的過程とみなすことはできないということである。

　メルロ＝ポンティの批判は、眼球を含む身体運動や視野の全体的布置から予想されるような、神経の「横断的」関連を顧慮する必要があるということであった。

　こうした点の生理学的な面を現代の研究にそくして追うことはできないが、こうした批判的論点は、本書の第3章第3節「身体の現れ方と身体の志向性」に関連する[19]。

第4節　ロックの認識論と言語論[20]

ジョン・ロック

　ジョン・ロックはデカルトの認めていた「生得観念」の存在を否定し、すべての「観念」(考え)は「経験」から生じると考えた。ロックは、観念が形成され、「知識」が成立する過程を説明しようとした。こうした議論や理論は「認識論」と呼ばれる。ロックが「知識」と言っているのは、事物の分類をしたり、何らかの物事について判断したりできる、といったことである。

　最初に「観念」の形成について、次に「言葉」についての思想を概観する。ロックは、「観念」や「記号」についての古典的思想を提示しているように思われる。

　観念と記号の結びつきは、ロックと別な仕方においてであるが、のちのソシュールも認めるところである。

A　観念について

　ロックによれば、経験には、「感覚(sensation)」と「反省(reflection)」の二種類がある。知性(understanding：「悟性」とも訳される)は経験をもとにして加工(識別、比較、結合、抽象などの作用)をおこない、「観念」を形成していく。経験がな

ければ、精神は観念が記されていない「白紙」ないし「磨かれた石板（タブラ・ラーサ）」のようなものであると言われる。この過程をもう少しくわしくみておこう。

1　単純観念の形成

最初に、「感覚」および「反省」から「単純観念（simple ideas）」が形成される。「感覚」は物体によって感覚器官に与えられる刺激による。

単純観念の形成にあたっては、すでに「抽象作用（ab-straction）」などがはたらいている。「抽象作用」について、ロックは、「観念が一般的となるのは、その観念から時間と場所の状況など……が切り離されることによる」と言っている。たとえば、赤い花、血、火、夕日などの知覚から、時間と場所の状況などが切り離され、共通の「赤」という単純観念が得られるということになる。

単純観念の具体例を知るために、次の分類をみておく。左の欄は得られる単純観念の起源となる感覚ないし反省であり、右の欄はそれによって得られる単純観念である。

右の観念の起源	得られる単純観念
一つの感覚から得られる	色，音，香の諸観念（赤、甘さなど）
二つ以上の感覚から得られる	延長，形状についての観念
反省から得られる	知覚、意志 の観念
感覚と反省から得られる	快不快、存在の観念

こうして単純観念が形成されると、それはいろいろな物事に適用されて、それらをまとめて一般的に考えることができるようになる（「夕日は赤い」、「三角形の内角の和は2直角である」など）。いろいろな赤や、いろいろな三角形があるが、それらをまとめて考えることができるのである。「観念」とは個々の三角形とはちがう普遍的（一般的）なものを表す考えである。こうしてみると、「観念」の由来についての説明は違うが、形成されたあとの働きないし役割はプラトンの「イデア」と同じである。

2 複合観念

次に、ロックによれば、「単純観念」が組み合わさって「複合観念 complex ideas」が形成されることになる。

たとえば、「卵型＋酸っぱい＋黄色」、「銀色＋固い＋1536℃で溶ける」というような観念がそれである。

さらに、「諸性質が存在する基盤となるもの」としての「実体」（基体ともいう）の観念も形成されるが、それは由来によって、「精神」と「物体」という二つの種類に分かれる。さらに、「実体」間の「関係」の観念も形成される。

こうして、さまざまな実体について「x は p である」などという形の判断が可能になる。たとえば、「レモンは酸っぱい」、「鉄は1536℃に熱すると溶ける」、「太陽が石の熱さの原因だ」などである。

先にもみたように、ロックの「観念」は、もちろん由来についての考えはプラトンとは違うが、「普遍的」（一般的）であるという点で、プラトンの「イデア」と同じような機能をはたす。

以上の「抽象観念」（「抽象作用」によって形成された観念）とその在り方については、次節でみるバークリーが批判することになった。

B　言葉について

『人間知性論』第3巻に従って、「言葉」についてのロックの考えをみよう。

ロックの考えは、言語記号についてのわれわれの日常の考え方を形成しているように思われるが、彼の思想には、さらに突っ込んで解明すべき点が残されているようにも思われる。こうした諸問題を知る上でも、ロックの「言葉」についての考えは重要である。

1　観念の記号

彼は、記号と観念について総括的に次のように述べている。

人間は分節音に加えて、さらに、どうしてもこの音（sounds）を内的想念の記号（sign）に使い、音を印（mark）として、その音に自分自身の心の中

の観念を表させるということができなければならない。これによって、観念は他人に知らされ、人々の心の思想は人から人へと伝えられるであろう（III,1,§2）。

言葉の効用は観念の感じうる印であることで、言葉の表す観念こそ、言葉の本来かつ直接の意味表示である（……the ideas they stand for are their proper and immediate signification）（III,2,§1）。

分節化された音が観念の記号となるが、その目的は観念の伝達であるということが、ロックの基本的な考えである。そこで、われわれがみてきたような「観念」の形成が記号に先行しなければならないことになる。

2 一般名辞について

つぎに言葉の「一般性」（普遍性）に関わる次の洞察が述べられる。

音を観念の記号とすることができるというだけで、その記号がいくつかの個々のものを包括するように使われることができなければ、言語はまだ十分には完成されない。なぜなら、すべての個々の事物を表意するのに別個な名前を必要とするとすれば、言葉はふえて、使うのに困るだろう。この不便を救うため、言語はさらに進歩して一般名辞を使い、これで一つの言葉が、多数の個々の存在を標示するようになったのである（III,1,§3.）。

こうして、言語は一般的記号となってはじめて有用であることが語られている。そこで、「［固有名を除く］一切の名前は一般的（普遍的）であり、したがって、あれこれの単独な事物を個々に表さないで、事物の種と類別を表す」と述べられている。そのためには、Aでみた「抽象観念」の存在が前提とされる。

3 他者のもつ観念と実在への関連

次に、言葉が二つの事柄に関連することが述べられている。

言葉は人々が使うとき、本来かつ直接には話し手の心にある観念を表示できるだけであるが、人々は自分の考えの中で秘かに他の二つの事物と関連させる。

第一に人々は、[自分の観念を表示する際に]自分の思想を伝達する他の人々にもある観念の印であると想定する。

第二に、人々はただ単に自分自身の想像を語るのではなくて、実在する事物について語ると思われたがるから、しばしば、自分の言葉が実在の事物を表すと想定するのである (III,2,§4,§5.)。

このように、言葉の使用者は、言葉を他者の観念および実在の事物と関連づけるということが述べられている。

このように、ロックの思想において、「他の人の存在」とその(他人のもつ)「観念」が前提とされていると言えよう。また、「言葉」と「実在」の結びつきも前提とされている。これらの点はロックにおいてこれ以上探求されていないが、本書第2章以降でさらに考察される。

4 音と観念との結合

記号と観念の結びつきについては以下のように言われている。

言葉をたえず使うと、或る音とその表す観念との間に結合 (connexion) ができて、名前を聞くとほとんど即座に一定の観念を喚起するようになり、この観念を生むのに適した事物それ自身が現実に感官を感触したときと変わらないのである (III,2,§6)。

ここでは、音と観念が使用によって結合されること、それによって、「事物それ自身への関わり」ができる (と思われること) が述べられている。この点についても、第2章で考察する。

5 知識について

ロックは知識 (Knowledge) を観念について成り立つ事柄と解した。

> 知識とは私たちの観念のあるものの結合・一致の知覚、あるいは不一致・背馳の知覚にほかならないように私には思われる (IV,1,§1)。

これは、観念相互や観念と現実の一致・不一致などの認識である。たとえば、「三角形」と「四角形」の観念は違う、「二等辺三角形」と「正三角形」の観念は違うがどちらも「三角形」に属する、「三角形」は現実にも存在するが、「二角形」は現実には存在しない、などといったことである。

6 真理について

彼は、次のように、記号の結合によって作られた命題 (文の内容) が現実の事態と合致しているかどうかを、真理 (Truth) かどうかの基準と考えた。

> 真理とは、この言葉に含まれる本来の意味では、記号によって表意される物ごと相互が一致したり一致しなかったりするとおりに、記号を結びつけたり分離したりすることを表意することにほかならないように私には思われる (IV,5,§1)。

たとえば、「この馬は白い」、「二等辺三角形は三角形である」、「水は 100℃で沸騰する」、「鉄は金属である」といった「命題」が「真」と判断されるのは、現実の「物ごと相互」の間で、命題で表されている関係が成り立っている場合であり、そうでなければ、「偽」と判断されるのである。

以上、ロックに従って、言語的記号が「観念」と「音」の結合からなること、それが、「他者の観念」と「実在の事物」に関連づけられることをみてきた。これらを含むコミュニケーションの概略を次頁の図に示しておいた。

これらは自明のことのように思われるかもしれないが、どのようにして観念と音が結びつくのか、語が、自分のではない他者の観念に関連させられる

とはどのようなことか、また、実在に関連させられるとはどのようなことか、ということは、それぞれ、考察すべき大きな問題を示唆しているであろう。それらの問題は、本書の第二章以降で考察するが、その前に、そうした問題と関連する、バークリーやカントの見解をみておきたい。

なお、ロックは学問分野を、physike（自然学）、praktike（倫理学）、semeiotike（記号学）の3つに分けている。「言語」や「記号」への注目は彼の慧眼を示すものと言えるであろう。

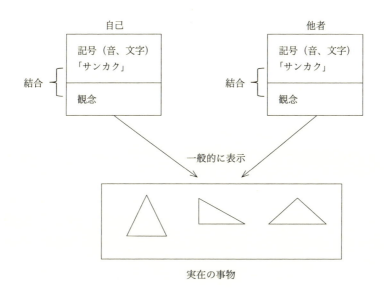

ロックによるコミュニケーションの概略図

第5節　バークリー ——「抽象観念」への批判[21]

ジョージ・バークリー

　バークリー（1685-1753）は、ロックの「抽象観念」の考えを批判し、ロックの言うような「観念」は実在せず、「抽象観念」とは単なる名前にすぎないと考えたが、その立場は「唯名論」（nominalism）と呼ばれる。それに対して、「抽象観念」ないし「概念」が存在するという立場は「概念実在論（ないし実念論）」（realism）と呼ばれる。この立場の区分は中世哲学に由来するものである。
　バークリーはロックの「抽象的・一般的観念」の考え方を批判したが、実は、ロックの考えにも曖昧な点は存在する。ロックは次のように、「一般観念」を獲得するのは困難で「かなりの苦労と技量を必要とする」と述べ、その理由も説明していたのである。

　　　なぜならこの観念（三角形の観念）は、斜角でも直角でもなく、等辺でも
　　　等脚でも不等辺でもなく、これらのすべてであると同時にこれらのどれ
　　　でもないのでなければならないからである（Ⅳ,7,§9）。

　ロックは、この理由から、「一般的観念には困難が伴い、われわれが思う

ほど容易には出てこない」(ibid.) と言っていた。「一般的観念」は不可能ではなく、形成されはするが、「容易ではない」というのである。

さて、バークリーはまさに上のロックの言葉を引いたあとで、次のように「抽象的観念」の存在を否定している。

　　……私が思い描く人間の観念は、白いか黒いかあるいは黄褐色の人間の観念でなければならない。背筋が伸びているか腰が曲がっている人間の観念、あるいは長身か単身か中背の人間の観念でなければならない。どんなに頭をひねっても、先に述べられた抽象的観念を思い描くことはできない (序論第 10 節 [22])。

さらに、バークリーは、「三角形という言葉の意義を制限する一つの定まった観念はない」とも明言している。ロックが「容易ではない」と言っていたことを、バークリーは「不可能だ」というわけである。

　さて、このように、バークリーは「抽象的・一般的観念」の存在を否定するが、次にみるように、「一般的名辞」が多くのものを表示するということを否定してはいない。

　　じつを言えば、何らかの普遍名詞［一般的名辞］に結びついていて、これが表示する一つの隔離された明確なものといったようなものはない。普通名詞［一般的名辞］はすべて大量の個別的観念を無差別に表示するからである (序論第 18 節)。

また、三角形の例を使って次のように述べている。

　　私が考えている個別的な三角形は、直線で囲まれたあらゆる三角形を何であれ均しく表し、代表し、その意味で普遍的なのだ…… (序論第 15 節)。

われわれが黒板に一つの三角形を描き、それを手がかりにして三角形一般について論ずることを思い起こせば、このバークリーの見解は注目すべきもの

思われる。

　だが、どのようにして、個別的な三角形やその像、あるいは、一般的名辞が、「直線で囲まれたあらゆる三角形を何であれ均しく表し、代表し、その意味で普遍的」になるのか、という問題は残っている。すなわち、「一般的な観念」なしに、どのようにして、三角形をすべて表示し、そうでないものを排除できるのであるか、という疑問は残るであろう[23]。この問題については、カントの項で再考しよう。

　ところで、バークリーは『視覚新論』において、視覚や触覚、また両者の関係などの問題を扱った。その際、彼は、先にみたロックの諸感覚の区分と単純観念の生成に関する批判を行っている。空間的な「距離」、「大きさ」、「位置」の観念は、視覚ではなくて触感覚に由来する。すなわち、「距離」に関しては両眼の回転や眼の緊張が、「大きさ」に関しては触覚的大きさ、「位置」に関しては重力感や身体感覚がその由来である、という批判である。また、視覚と触覚の関係については、触覚の優位が説かれ、たとえば、ロックが主張した両者に共通の「抽象的延長」の観念の存在は否定されている。

　そのほか、バークリーの知覚論には、現代の知覚論に大きな影響を与えているとともに本書でもこれ以後に使われる「連合」という考え方もみられるだけでなく、「眼球内の網膜像は倒立しているのに対象が正立して知覚されるのはなぜか」という問題や、「生まれつきの盲人ないしそれに準ずる人が成長したのちに視覚を得た場合に、距離、大きさ、事物、運動などを眼ですぐに知覚することができるか」という問題(モリヌークスあるいはモリノー問題)、といった現代に至るまで論じられている知覚に関する諸問題が扱われている。

　ここで、これらの問題を扱うことはできないが、それらについては、『知覚新論』の邦訳と三者による解説を、また、ロックやバークリーに始まる「知覚」の諸問題やその後の哲学者たちの扱いなどについては、加藤尚武著『〈かたち〉の哲学』を参照されたい。

第6節　カントの認識論——感性・悟性・想像力[24]

カント

　ロックは、抽象による「一般的観念」すなわち「抽象観念」の形成を主張し、バークリーはそれを否定して、その代わり「知覚像や想像の像」による（あらゆる同種のものの）「代表」を主張した。まさしくその問題をカントは『純粋理性批判』の「図式論」において扱っている。

　カントはまた、「感性論」において、知覚の能力としての「感性」を扱っている。それは、本書の目標の一つである、「知覚」や「絵画」の問題にもつながるであろう。

　本節では、カントにそくして、「感性論」を含む認識についての思想と、感性と悟性の関連についての思想を見ていくが、感性と悟性の関連は、メルロ＝ポンティにいたる「知覚と言語の関連」の問題の一環をなす。

1　認識能力の区分

　「イギリス経験論」のロックは「認識」の成立を問題とした。その際、彼は、「感覚」および「反省」という「経験」から「単純観念」と「複合観念」が形成されると考えた。

　カントも、ロックと同様に対象の「認識」を問題にするが、ロックやバー

クリーの属するイギリス経験論の伝統と異なり、現象の世界を秩序だったものとして見る能力が生まれながらに人間にそなわっていると考える。その場合の秩序とは、「時間と空間という枠組み（直観の形式）」と「諸対象を考える際の量、質、関係、様相の概念（カテゴリー）」によるものである。カントは、こうした認識能力を吟味・批判した上で、人間の「心」や「宇宙」や「神」の真相についてわれわれは知ることができるのかどうか、という考察にまでいたる。これらの総括的な主題は、従来「形而上学」が扱うとされてきたものであった。彼は、諸学の成立と「形而上学」の可能性を吟味するために、その基盤となる「認識能力」を区分する。

　彼は、認識する「自我」のことを「認識主観」と呼ぶ。その認識能力として、「感性」と「悟性」（理解力の意味）があると考える。「感性」は「知覚」（「直観」とも呼ばれる）の能力であり、「悟性」は「概念」によって考える能力である。

　人間の「認識能力」の区分を表で示せば次のようである。

感性	内容	諸感覚
	形式	空間と時間（場所や時の違い）
想像力 （構想力）		感性的内容と悟性の概念を関連させる。 図式（シェーマ）による。
悟性	内容	感性によって知覚されたもの
	形式	純粋悟性概念（カテゴリー）： 質・量・関係・様相に区分される概念
理性		悟性を宇宙、神、心などにまで拡張していく能力 （現象の世界を超えて悟性を適用することにもなる）

　人間の認識する主観（主体）は上のような「形式」を使って世界の出来事を対象（客体）として整理し「認識」する。カントによれば、これが「経験」なのである。

2　感性の理論（知覚の理論）

　カントによれば、「感性」とは知覚の能力であり、五感に従って感覚し、感覚をある場所や時に位置づけることができることである。

　知覚から感覚内容を度外視して考えると、「時間」および「空間」という形

式が残る。時間とは「次々に(one after another)」という形式であり、空間とは「相互に並んで(one by one)」という形式である。われわれは物の存在しない空間を考えることができるから、空間は物の性質ではなく、「経験に先立つ(ア・プリオリな)形式」である。上のような形式なしには経験は成立しない。また、空間的形式は「連続的なひろがりの形式」つまり感性(感覚的知覚など)の形式であって、概念や言葉の内容ではない[25]。時間に関しても同様のことが成り立つ。

知覚される物は「現象(あらわれ)」とも言えるので、感性の形式は「現象」の形式とも呼ばれる。現象の形式に従って知覚される物は、人間の認識能力を無視して想定されるような「物自体」の有り様ではない。神なら知りうるかもしれないような「物自体」について、われわれは知りえないというのである。

ここで、一般に、感性ないし知覚における、空間、時間、感覚の質に関する区別の例をあげておこう。
空間：ここ、そこの区別、形態の別、前後、左右、上下の区別、遠近などの区別。
時間：今、さきほど、これから、などの区別。
感覚の質：さまざまな色、痛み、圧迫感、匂い、音、熱さ、身体的運動などの感覚。

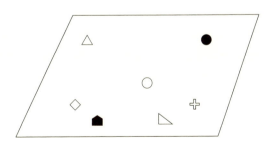

形式（空間）と感覚内容の模式図（ただし、「形式」が見えるわけではない）

3 悟性の理論

「悟性」とは、言語に即して言えば、主語と述語をそなえた文（命題）をつくったり、推論したりする能力である。換言すれば、「概念」を使って判断する能力であり、「理解力」と考えてよい。

先にみたように、感覚内容は空間的・時間的秩序の下で現れる。しかし、経験や認識が成立するためにはさらに「概念による総合」が必要である。輝く太陽を知覚し、次に窓辺の温かい石を知覚した場合、すでにそこに空間的時間的秩序はあるが、それだけでは「太陽が石を温めた」という認識にはならない。この二つの知覚を思考において総合することによって、われわれは「太陽が石の熱の原因である」という判断ができる。「原因と結果」という関係などは「純粋悟性概念」あるいは「カテゴリー（範疇）」とよばれる。

カテゴリーを使った判断の例を考えてみる。

「この石（実体）は硬い（性質）」。「石がガラスにぶつかったのでガラスが壊れた（原因・結果）」。「太陽と地球は引力により相互に作用している（関係・相互作用）」。「5個（量）の石が現実にある（現実性）」。「石が人にあたるかもしれない（可能性）」。

このように、「量（一・多）」、「質（事象性・否定）」、「関係（実体と属性・原因と結果）」、「様相（可能性・現実性）」などのカテゴリーがある。

4 図式（感性と悟性を媒介するもの）[26]

上のような区別をそなえた現象は「感性」を通して「知覚」というかたちで与えられるが、他方、「悟性」は上のような「カテゴリー（概念）」を使って考え、「判断」する能力であった。「三角形」、「五個の点」、「太陽が石を熱した」などを知覚に当てはめる場合には、両方の能力が関連している。では、どのように両者は関連するのであろうか。「感性」は知覚の能力であり、「悟性」の概念は言葉によって表現されるとすれば、これは、「知覚」と「言葉」の関連の問題であるといってもよいであろう。

カントは感性（知覚の能力）と悟性（概念の能力）を媒介するものを考えた。それは、「感性的なもの」に「概念」を適用する場合の手がかりになるものである。それが、「あらかじめ素描する」はたらきとしての「図式」であり、し

かも「想像力」(構想力とも言われる)と関連する。

「量」に関していえば、量の「概念」と一定の量の「像」を関連させるものが量の「図式」とされるが、それは次のように説明されている。

> 私が・・・・・というように5個の点を順次置くならば、これは、数五の像である。それに対して、私が、五であれ百であれ、数一般をただ考えるだけであるならば、この思惟は、ある概念に従ってある量(例えば千)を像において表象する[思い浮かべる]ための方法(手続き)の表象であって、この像そのものではない。そのような大きな数の量の像であれば、私はその像を見渡して概念と比較するなどということは、まずできないであろう。さて、ある概念にその像を与える想像力の普遍的方法のことを、私はこの概念に対する図式と呼ぶのである (B179-180) [27]。

このように、「図式」とは「想像力」の方法である。そこで、「概念」と、想像力の方法としての「図式」と、想像力による「像」を対比してみれば次の表のようになろう。上段は、概念、図式、像という項目、中段は量ないし数の場合の例示、下段はそれぞれの特徴を記した。

概念	図式(想像力の像を与える普遍的方法)	像(たとえば数五の)
量(数)	・・・・・……	・・・・・
多くの場合に適用される一般性をもつ	次々と数をつくり出す方法、手続き。これ自体は目に見えるわけではないことに注意。	個別的で限定されている。ほかの数についても同様。

「三角形」といった「形」にかかわる概念(純粋感性的概念)についても「図式」が考えられ、それは次のように説明されている。

> 三角形一般の概念には、そのいかなる像もけっして十全(完全)には一致しない。というのは、像は、この概念がいかなる三角形にも妥当するという概念の普遍性に到達せず、ただ、その一部にのみ極限されているか

40

ら。三角形の図式は、想像力でまとめる規則を意味するのである (B180)。

ここでの「三角形の図式」は、いわば、バークリーにおいて言及された「個別的な像」と、ロックの主張していた「抽象観念」を媒介するものと言うことができるであろう。これは、われわれが三角形を思い浮かべる際の方法である。

バークリーは、名辞や個別的像は「直線で囲まれた三角形のすべてを等しく代表ないし代理する」(序論第 15 節) ことがありうると言っていた。これに対して、カントに従えば、そのような「代表」が可能なのは「想像力の方法としての図式」が存在するからであるということになるだろう。このことはロックもバークリーも述べていなかった点である。

さらに、経験的概念の例として、「犬」の場合もあげられている。

犬の概念は私の想像力が或る四足の動物の形態を一般的に描きだすことのできる規則を意味するが、その際、特殊な形態や個々の可能的形態に制限されることはない (B180)。

カントは、「量 (数)」のような先天的な諸概念 (カテゴリー) については、それらが直観 (時間空間内の内容) に適用される場合の「図式」を「超越論的図式」と呼び、「時間関係」がその際の「図式」になると考えている。

「量 (数)」の図式は、先に見たように、「一つ一つ単位を順次に加算する (数える) こと」であり、このようにして「数えること」が「2 + 3 = 5」などの判断の基礎となる。そのほか、「原因・結果」の図式は、「継起 (A のあとに B が起こる)」ということである。

5 理 性

カントにそくして感性、悟性、想像力について概観してきたが、さらに、認識能力としては「理性」がある。これは、悟性の能力の適用範囲を拡大していく能力である。これは、宇宙について考える物理学などの学問を構築していくには不可欠であるが、他方、感性によって経験できない事柄にも判断を下すという傾向に陥りやすい。知覚や判断の「主体」であるはずの自我を「対

象」として考えた場合の「霊魂」、時間空間や因果法則を無制限に適用したときに考えられる「世界全体」、すべての事象の根源としての「神」といった「理念」はそうした傾向によって産み出されたものである。

カントの『純粋理性批判』は、そうした「理念」についての「吟味」という意味での「批判」を目的としていた。だが、「認識」の立場からは、そうした理念の存在や有りさまについては決着がつかない、という。これは、デカルトなどの「神の存在の証明」に対するカントの考え方を示すものでもあった。

ただし、実践や倫理（実際に行為し生きること）の立場からはなんらかの理念が必要とされることもあるというのが、カントの結論であった。

6 「図式」についての補足

以上が、カントの認識論の概略であるが、ここで補足的に、「図式」の意義を考えておこう。

カテゴリーや概念は「言語」で表現され、感性は「知覚」に関わるとすれば、図式論で問題になっていたのは、どのようにして言葉を知覚される事柄に適用することができるかということにほかならない。「図式」とは、「三角形」や「犬」に関して言えば、「それらを描く方法（手続き）」を心得ているということであろう。それを心得ていれば、個々の絵（像）や実物を見る時にも、「概念」を適用して「これは犬だ」と言える。これは、一匹の犬だけでなく、「いろいろな犬を想像する能力（想像力）」による。それがないとすれば、犬の概念を実物に適用するために無限の犬の像（絵）が必要になるが、それは不可能である。なお、「犬」や「家」のような経験的なものに関するのであれば、この図式（方法）が訂正されることもありうるであろう。

カントは、「描く方法（手続き）」という言い方をすることによって、特定の犬の特定の姿にとらわれないような「概念」の適用を解明しようとしたと解することができるであろう。子供の言語学習の際には、何匹かの犬をみせれば、あとは、（条件が整えば）実際に見たことがない犬でもそれを「犬」と呼ぶことができるが、それは「想像力」があるから可能なのである。カントはこのことを、「図式」ができたからだと説明するのである。

われわれは、次章以下で、言語に関しても、知覚的経験に関しても、「想像力」

42

ないしそれと類縁的な「連合」のはたらきに出会うことになるであろう[28]。

注

1 Platon, BC:428/7-348/7. 古代ギリシアの哲学者。ソクラテスと出会い、哲学の活動に入り、『ソクラテスの弁明』、『パイドン』、『テアイテトス』など多くの「対話篇」を残す。

2 ただし、イデア論が、幾何学をモデルとしているということは、プラトンの思索全体のうちの前期に関することである。のちの著作『テアイテトス』という対話篇をみると、彼が、以前の自分の思想を再考していることがわかる。

3 『ポリティコス (政治家)』、286A5-6.

4 ここでは、『パイドン』と『メノン』などが念頭におかれている。

5 本書では、これについて、第2章で、ソシュールによりながら表現媒体としての言語を考察する際に考察する。

6 パノフスキー著『イデア』を参照。

7 Epikouros, BC.341-270 ca. 学説については、『エピクロス』を参照。

8 37頁〜48頁参照。説明は単純化して紹介する。

9 このうち、本書では、エピクロスの説とデカルトの説を扱う。

10 René Descartes, 1596-1650. フランスの哲学者。著作は、『方法序説』、『省察』、『哲学原理』、『人間論』など。本節では、おおむね、哲学説については『省察』、視覚論については『人間論』によった。

11 「実体」は、「それ自体で存在するもの」という意味で使われている。本節第9項も参照。

12 この問題について彼は、『省察』(第六)、『情念論』などで論じている。

13 デカルトにおいて、「自我」、「精神」、「心」は同義である。

14 この問題を扱った書物には、たとえば、身体・脳から「自己」について考察したダマシオ『無意識の脳　自己意識の脳』、意識現象と脳の関連を考察した渡辺正峰『脳の意識　機械の意識』などがある。

15 『デカルト著作集4』253頁。

16 「想像」という語は「知覚」も含む広い意味で使われている。

17 『行動の構造』304頁。

18 同書、139-140頁。

19 メルロ＝ポンティの見方を生かして、生物学的身体論の構想を描くものとして、トンプソン『生命における身体』、ヴァレラ他『身体化された心』などがある。

20 John Locke, 1632-1704. イギリスの哲学者。著作は、『人間知性論』、『統治論』などがある。『人間知性論』からの引用は、順に、巻、章、節の番号によって示す。

21 George Berkeley, 1685-1753. イギリスの思想家、聖職者。著作は、『人知原理論』、『知覚新論』などがある。

22 本節でのバークリーからの引用は『人知原理論』の箇所を示すことによる。

23 カッシーラーもこの点に関して次のように述べている。「この代理 (代表) すらいかにして可能なのかとあらためて問わねばならない。与えられていないものが、

まるで与えられているかのように意識に提示されるということは、いかにして考えられるのか」。(『認識問題』2-2、297 頁)

24 Immanuel Kant, 1724 〜 1804. ドイツの哲学者。代表的な著作は、『純粋理性批判』、『実践理性批判』、『人倫の形而上学の基礎づけ』、『判断力批判』、『啓蒙とは何か』。

25 たとえば、「馬」の概念は馬に共通の性質を表し、個々の馬を指すために使われるが、(比喩的な言い方を除き)「馬」が広がりをもち、その「馬の広がり」を指すというわけではない。それに対して「空間の形式」は文字通り広がりを表している。

26 「図式」に関しては、カッシーラー『認識問題 2-2』(297 〜 301 頁) を参考にした。

27 『純粋理性批判』からの引用は、B 版の頁数で示す。

28 「図式」については、本書第 3 章第 2 節でも言及する。

第2章 ソシュール言語学とメルロ＝ポンティの解釈

　第1章では、言語と知覚による表象に関連する思想を概観してきた。プラトンの「イデア論」、エピクロスの「エイドーラ」の考え、デカルトの「観念」、ロックの「観念」・「記号」・「伝達」の思想、バークリーの「抽象観念批判」、カントにおける悟性と感性をつなぐものとしての「図式」と「想像力（構想力）」、などの思想であった。

　それらの中で、次のような諸問題が浮かび上がってきた。

　a）命題や語の「意味」とその同一性（イデア性、不変性）。

　b）観念や概念のあり方をめぐっての、ロックとバークリーの対立。

　c）「感性的経験」と「概念」の関連の問題。

　d）「観念（意味）」と「記号の結びつき」の問題（ロックに関連して）。

　e）「他者の存在」と「コミュニケーション」の成立の問題（ロックに関連して）。

　このうち、とくにd）に関しては、われわれの言語の使用やその媒体としての「記号」の特質を改めて考えてみる必要があるように思われる。言語的コミュニケーションの媒体（媒介物）となっているのは言語「記号」であることは、ロックが注意していたところであった。だが、ソシュールは、「記号」を新しい観点から考察し直したように思われるし、その考察はメルロ＝ポンティにも大きな影響を与えた。そこで、本章ではd）の問題を中心に考察し、a）とb）の問題にも言及する。c）とe）についてはそののちに扱うこととする。

　さて、これらの問題の中心にあるのは、「イデア」となんらかの関連をもつ「観念」、「概念」、「意味」という語である。（近代において）精神が持つもの

という意味合いでは「観念」、対象への適用という意味合いでは「概念」、言葉との関連では「意味」という語が使われていると考えられるが、筆者の考えでは、このように意味合いは違うが、いずれも同じ事柄を表していると思われる。たとえば、ロックにおいては、精神の中で形成されるという意味合いで「観念」という語が使われるが、これは、言葉の「意味」とも捉えられまた、「対象」への適用も考慮されていたのである。

　以下の論述ではこのことを考慮されたい。

　最初に、ソシュールの言語理論において使用される「差異」という概念について考えておこう。

第1節　分類と差異——アリストテレスの「定義」を手がかりに

　バークリーの言うように、われわれはイデアや「抽象観念」そのものを見たり思い浮かべたりすることはできないが、他方言葉を使って事柄を一括して扱ったり分類をしたりしていることも確かである。「分類」と「言葉」という観点から、「意味」（概念）と「事柄」の関連について考えてみよう。

　ところで、「言葉」と「意味」は世界の中のさまざまなものを分け、分類して理解することと関連すると思われる。そして、分類においては、「差異」ということが重要な役割を果たすのであり、ソシュールの言語理論においてもそれが中心問題になってくる。そこで、あらかじめ、「分類」においてはたらく「差異」について、アリストテレスの「定義」の説明を参考にして考えておこう。なお、ソシュールがとくにアリストテレスの思想と関連しているというわけではなく、以下は、一般的な「定義」についての説明と受け取ってもらえればよい。

　アリストテレス（BC.384-322）は、さまざまな学問に関連して「分類」や「定義」を重要視したが、「分割による定義」について次のように述べている。（[　]内は小熊による補足である。）

　　　その定義［分割による定義］のうちには、分割系列の第一位にあげられる類［動物］とその種差［二足である］だけが含まれている。その他の類

はこの第一の類とそれにつぎそれに伴う諸々の種差からなっている。たとえば、人間の第一の類を「動物」だとすれば、そのつぎの類は「二本足の動物」であり、そのつぎは「二本足の無翼の動物」であり、さらにその他にも多くの種差があるとすれば同様にそれだけ多くの種差を伴う動物である[1]。

こうして、「分割による定義」は「類」と「種差」（差異を示す特徴）からなり、それによって、「類」の下位の分類であるところの「種」が定義されるのである。上の例にそくして言えば、「人間とは無翼の二足動物である」ということになる。この関係を図で表せば次のようになる。

```
          ┌─ 二本足でない
          │      │  種差＝「二本足かどうか」
動物 ─┤
          └─ 二本足である（二足動物）

                      ┌─ 翼をもつ
                      │     │ 種差＝「翼をもつかどうか」
                 ─┤
                      └─ 翼をもたない（無翼の二足動物）
```

こうした分類方法を考えてみると、動物という「類」の中で「二足動物」という「種」を一括してとらえることができるのは、「二本足である」という「種差」があるゆえであり、それが他の動物から「二足動物」を区別する。また、「二足動物」の中の「翼をもつ二足動物」という種についても同じことがなりたつ。こうして、分類にとっては、「ほかのものとの違い」つまり「差異」が重要な役割をしていることがわかる。分類には、多くの場合、階層があるが、それぞれの階層は「同一性」と「差異」が組み合わさってできているのである。

われわれの理解するさまざまな日常的概念は、上のような「分割による定義」のように明確に定義されていないものが多く、そこでの「差異」は「種差」のように正確でないであろうが、それでも、なんらかの意味的な差異が了解されているのではなかろうか。たとえば「犬」であれば、猫や馬や狼など犬以外の動物との差異、「赤」であれば黄や青など、赤以外の色との差異である。

以上は、「概念」について述べたが、「ある概念の下に属するもの」についても同様のことが成り立つであろう。「無翼の二足動物」に属する動物は「有

翼の二足動物」には属さず、「犬」に属するものは「犬でない動物」には属さないのである。そこで、概念とその下に属するものの関係を大局的に考えれば、ある概念はその下に属するものを一括りにしているが、それが可能なのも、他の概念との「差異」によると言えるであろう。

こうして概念や意味については、さまざまな犬が「犬」という同じ概念の下に属するという点だけでなく、他の概念との「差異」という観点からも考えることができる。つまり、分類の観点から言えば、概念の「同一性」が成り立つのは、「差異」が成り立つのと裏腹なのである。

第2節　ソシュール[2]の言語理論

フェルディナン・ド・ソシュール

ソシュールは『一般言語学講義』において言語の一般理論を提示している。それは、町田健氏の言葉[3]を借りれば、どのようにして、ある言語（たとえば日本語）を解する人びとの間で意味がわかるのか、言葉が通じるのかということの考察である。その眼目は言語を「記号」の一種としてみることにより、言語的コミュニケーションの仕組みを明らかにすることであった。

たとえば日本語の個々の言葉は「記号」と解することができる。身振りや絵で思いを伝えるということもあるが、言葉による伝達は、「言語記号」に

よる伝達である。前者では、身振りや絵が伝達の媒体であり、後者では、言語記号が媒体である。

その場合、言語記号の使い方は人によってばらばらではない。その使い方は音素列や文法の規則、さまざまな語の意味的関連によって定められ、共有されている。その意味で、言語は「社会性」をもっている。

ある言語を使って話者と聴者が行っていることを図にすれば、次のようになるであろう。これを見て、先にみたロックの考えと同じことを表していると思われる人がいるかもしれないが、ソシュールは、「記号体系」、「音素列」と「意味」の結びつきなどをあらためて問題にしたのである[4]。

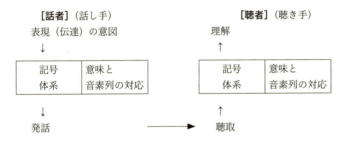

上の図は、話者と聴者が言語記号の体系を介してコミュニケーションを行うことを示すものであるが、左右両方の「記号体系」の部分は、伝達可能な人びとの間でおおむね共有されていると考えられる。これがなければ、言葉のやりとりは、「音素列」に対して物理的に反応するだけということになってしまう。そこでこの「記号体系」――これは意味と音素列の対応からなる――の部分の分析が主要な課題となる。順番にその考え方を見ていこう。

1 言語記号の両側面

言語記号は、「意味を表す部分」(シニフィアン)と「それによって表される意味」(シニフィエ)という二つの面からなる。前者は、ある言語において使われる音や文字などのことであるが、これからの説明にあたって、前者には「音素列」[5]という名称を使い、後者は「意味」と呼ぶ。

言語で使われる〈音素列〉や〈文字〉は、それだけ取り上げれば、単なる音や模様とも解されるが、言語記号として使われる場合には、何かを「意味す

50

る」。そこで、ソシュールは言語記号を二つの側面を持つものと捉え、その観点から言語を分析するのである[6]。

2 音素列と意味の恣意性

〈音素列〉の面と〈意味〉の面の結びつきは絶対的に決まっているわけではない。

たとえば、薔薇のことを「バラ」でなく「rose」と言い、水のことを「ミズ」でなく「water」とよぶ言語もある。このように記号の両側面の間には必然的な結びつきはないが、そのことをソシュールは「恣意性」という[7]。ただし、一つの言語体系内でみたとき、記号相互の差異を考慮すれば両側面は単純に「恣意的」だとは言えないが、そのことはのちにみることとする。

3 音素および音素列の同一性

ある言語体系（日本語 や英語）において、それぞれの〈音素列〉の同一性はほかの〈音素列〉との「差異」（違い）によって成り立っている。

たとえば、英語では「l」と「r」の音素は区別されるが日本語では一般に区別されず、「la」も「ra」も同じく「ラ」と発音される。英語ではそれぞれの音はもう一方の音との差異によって区別されるべき音と認められているのである。

日本語の文字に関して言えば、「は」と「け」と「ほ」、「は」と「ば」などは違った文字としてとらえられるが、それは、微妙な違いが「差異」として認められているからである。それに対して、「**は**」「は」「は」の三文字は、細かく見れば違っているが、それらと「け」「ほ」「ば」などと区別がつく限りにおいて、同一文字と捉えられるのである。

このように、「言語体系」に応じて、何を音素列の「差異」とみなすかは異なる。日本語では、五十音「あいうえお、かきくけこ……」などが差異をなす体系である。

では、こうした差異が日本語内で維持されるのはどのようにしてなのであろうか。それは結局、多くの人が同じ〈音素列〉からなる体系の言葉を話し、それによって、その体系を維持しているからと考えられる。ソシュールは、この点を、「慣用と一般的な合意」[8]によると言っている。こうして、〈音

素列〉の面から見たとき、言語は、そうした音素列の「差異の体系」であると
みることができる。

4 意味の同一性

　次に〈音素列〉をもとにして形成される語彙のレベルについての話に移ろう。

　ある言語体系の記号（語彙）の〈意味〉の側面も、ほかの記号（語彙）の〈意味〉
との差異や関連性により、同一性が確保される。例えば「池」と「沼」と「湖」
などは、同じようなものを指し示しながらもある程度相互排除の関係をもつ。
そのように、ほかの語彙との「差異」の関係が変わらない限りは、その語は「意
味」の同一性をもつ。

　けれども、たとえば、「沼」という語がなくなったり使われなくなったり
すれば、「池」と「湖」という言い方だけの分類になるかもしれない。その際
には「池」と「湖」という語の意味や適用範囲は広がることになるであろう。

　新しい言い方が出現することにより、〈意味〉が変化するということも想定し
うる。例えば、「しゃもじ（杓文字）」という語は、それ以前に使われていた「しゃ
くし（杓子）」という語に代わって使われるようになったといわれるが、そのこと
により「しゃくし」の適用範囲は狭くなったと考えられる。「しゃもじ」と「しゃ
くし」のそれぞれの語の同一性は相互対立のなかで保たれているのである。

　こうして、語の変化においては、単に一つの語の意味が変化するだけでな
く関連部分に変化が及ぶという点が重要である。それぞれの語の意味は他と
の対立のなかで「同一性」を保っているのである。

　以上では「意味」および「概念」[9]ということを前提として話をしてきたが、
そもそも「意味」とは何であろうか。この問題について本書で完全に答える
ことはできないが、ここでは、ひとまず、「その語によって指し示されること」
が「意味」であると、考えられたい。ただし、そこにも曖昧さがあるので、「概
念」に関する伝統的な区別をみておく。

　ある概念によって指し示される物事の集合は「外延 extension」とよばれ、
それらの物事に共通の性質（の一つ）が「内包 intension」と呼ばれる。この区別
によって述べれば、「意味」とは「内包」ということになろう。たとえば、「現
在の国連加盟国」という概念の「内包」は「現在国連に加盟している国家」と

いうことであり、「外延」は、現在国連に加盟している国家の集合ということになる。「太陽の惑星」という概念であれば次の図のようになるであろう。

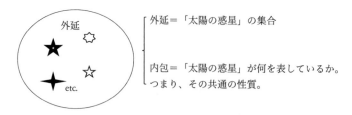

5 音素列の存在の重要性

　幼児の言語習得の順序を参考にすると、〈音素列〉のまとまりが把握されることによって、それが単語であることが理解されてくる[10]。すなわち、のちに単語間の意味の差異から或る単語の意味が理解されるようになるが、その前提として、音素列に関して区別がつくということが成立していなければならないのである[11]。このことから、〈音素列〉の側面の存在が〈意味〉の同一性にとって不可欠であると考えてよいであろう。

　第1章でみてきたプラトンにしたがえば、語の意味の同一性が成り立つのは「イデア」の存在によるということになろう。また、伝統的に多くの論者は、「音素列」がなくとも「思惟」や「意味」は存在し、「音素列」と無関係に「意味の同一性」は考えられうるという見解をとっていたと思われる。だが、上のことを考えると、言語や何らかの表現手段がなければ、「意味」も「思惟」も他人に明確に伝えられるものにならないということは確かであろう[12]。4でみたように、ソシュールは、さまざまな語は、ほかの語との「差異」や「関連」[13]によって、意味の「同一性」を確保していると考えるのであるが、そのための前提が〈音素列〉の存在である。

6 音素列と意味の対応を再考する

　このようにして、単語を形成する音素列どうし、意味どうしの差異のなかで、ある単語の意味と音素列の対応関係は定まっている。しかも、この対応関係は、話者のみが定めるのではなく、言葉を交わす人々の間で、慣習によっ

第2章 ソシュール言語学とメルロ＝ポンティの解釈 53

て定まっている。1において音素列と意味の対応は「恣意的」であると言われたことをみたが、それは、話者が「意のままに変えうる」といった関係ではないことに注意すべきである。

　こうした対応関係が維持されるかどうかは、結局のところ、同じ言語を話す人々の間でその語が適用されうるかどうか、つまり、その実践と慣習にかかっているのであり、その意味で、対応関係は「必然的なもの」ではない。「恣意的」とはこのように理解すべきであろう。

7　語の「連辞関係」と「連合関係」

　ここまで、語の間の「差異」を中心に見てきたが、ソシュールは、言語体系をなす語の間に次の二種類の「関係」が存在すると考える。

　（a）文はさまざまな語を順番に配列してつくられ、〈音素列〉は順番に発音される。こうした並べ方の特徴は「線形性」と呼ばれる。また、こうした結合に即して定まる結びつきは「連辞 syntagmatique」（ないし「統合」）の関係と呼ばれる。たとえば、主語と述語の順序、形容詞と名詞の語順などはこうした関係に属するが、その関係性は言語体系（日本語、英語など）に応じて異なる。たとえば、標準的には、英語では "I love you" と言い、日本語では「私はあなたを愛する」という順番である。

　そうした「連辞」関係に従って、次の文を作ることができる。

　「私の―父は―新聞を―読んで―いる」。

　このなかで、個々の単語は入れ替え可能であるが、そのような入れ替え可能な単語は相互に関連性をもつ。それは、次にみる「連合関係」の中からその時に応じて選択されたものである。上の文と別の選択を行えば、「君の―兄は―映画を―見に―いく」という文を作る可能性もあるのである。こうして、実際の文の「発話（語ること）」（パロール）はこのようにして、「連辞」関係[14]に従って形成されるのである。

　（b）他方の「連合 associatif」[15]関係は、一つの語と他の語との「連想可能な関連性」であり、上にみた文の中に現れる語と代替可能な関連であるが、それは、語の要素の面での関連もあれば、意味の面での関連もあり、多様な種

54

類のものが考えられる。そして、そうした関連性のある語は、関連性があり
ながら同一の語ではない以上、そこには「差異」もあるのである。

また、「差異」の面からみれば、すべての語彙は何らか差異によって区別
されるわけであるが、それぞれ何らかの仕方でほかの語彙とまとまっている
と考えられる。たとえば、先にみたアリストテレスの分類と定義の例を考え
ると、それは、まとまり（関連性）と区別（差異）が組み合わさって構成されて
いるのであった。日常語の語彙も、学問的分類のように明確ではないが、「差
異」と「関連性」が組み合わさって構成されていると思われる。

そうした関連性の例として以下のようなものが考えられる。ただし、以下
は、文の構成要素として入れ替え可能であるものだけでなく、もっと広い関
連性を含む。

遊ぶ
- 遊んだ。遊ぶ。遊ぶだろう。遊べば。遊ばない。遊びます。遊ぶ。
- 遊べ。遊ぶ？遊びたい。遊ぼう。
- 遊び。学び。運び。安らぎ。楽しみ。苦しみ。
- 遊牧。遊説。遊星。遊泳。遊戯。遊山。回遊。園遊会。
- 遊び時間。読書。食事。睡眠。体操。
- ゲーム。ピクニック。旅行。スポーツ。

三角形
- 正三角形。二等辺三角形。鋭角三角形。鈍角三角形。
- 四角形。五角形。千角形。
- 辺。線。点。角。円。
- 面積。大きさ。
- 三辺を持つ。内角の和が2直角。3垂線が一点で交わる。
- 三角測量。三角法。三角定規。三角関係。三角関数。三角点。三角巾。三角錐。

教育
- 教：教師。教壇。教科。教職。
- 育：育児。養育。保育。育メン。
- 教育：教育者。教育する。教育的。
- 児童。学生。教師。科目。子育て。

（これは、ソシュールが挙げている enseignement という例を参考とした）

第 2 章　ソシュール言語学とメルロ＝ポンティの解釈　55

猫 {
　　動物。脊椎動物。哺乳類。猫科。
　　山猫。家猫。野良猫。
　　シャム猫。三毛猫。ペルシャ猫。ベンガル。スフィンクス。ヒマラヤン。
　　犬。馬。熊。魚。
　　気まぐれ。しなやか。跳び上がる。ニャーとなく。
　　猫背。猫の目。猫舌。猫の額。
　　（猫から連想されることとして）猫の首に鈴をつける。猫にまたたび。
　　窮鼠猫をかむ。猫に鰹節。猫かわいがり。猫なで声。
}

8　差異と関連性の体系

（a）ソシュールの考え

　以上のようにして、「ある時代のある言語」を「差異の体系」（たとえば現代の日本語の体系など）として考えることができる。だが、その「差異の体系」について、ソシュールは次のように言っている。

　　ラングについては、〈肯定的な項目を持たない〉差異しか存在しない。シニフィエとシニフィアンを考えてみると、ラングには言語体系に先立って存在する観念も音もないのである。あるのは、この体系に由来する概念的差異と音的差異のみである（168-169 頁）。

ところが、次のようにも言われている。

　　しかし、ラングではすべてが否定的だと言っても、それが当てはまるのは、シニフィエとシニフィアンを別々に捉えた場合だけである。記号を全体として考えるなら、秩序をもった肯定的なものがあるのが見えてくる。言語体系は、一連の観念の差異と組合わされた、一連の音の差異であるのだが、〈一定数の聴覚的記号〉が〈思考の塊の中で形作られた同じ数の断片〉に結びついている、という見方から［とみられるなら］、価値の体系が生じてくる（169 頁）。

ここで、「一定数」以下の説明は、シニフィアンとシニフィエからなる記号

56

の一つではなく複数の記号を相互に比較するという観点のことと考えられる。つまり、複数の記号が相互に関連性をもち、そのなかでシニフィアンとシニフィエが定まるということである。

そこで、上の二つの考えをまとめれば以下の言葉のようになるであろう。

> ラング（言語）においては、他のあらゆる記号体系と同様に、記号を区別するものは、記号を構成しているものの全体である。そして、差異が価値と単位を作りだすのと同じように、特徴を作るのも差異なのである（169頁）。

ここで、「特徴」とは、「肯定的な」特徴のことと解することができるであろう。

このようにして、さまざまな語の「差異と関連性」から言語の体系が形成されるのであるが、そうしたさまざまな語の関連性の例が、先にみた「連合」関係のことだということができるであろう。

（b）メルロ゠ポンティの理解

さて、「否定的なもの」としての差異と「肯定的なもの」に関連して、メルロ゠ポンティは『間接的言語と沈黙の声』の冒頭で、つぎのように述べている。

> われわれがソシュールから学んだのは、記号というものが一つずつでは何ごとも意味せず、それらはいずれも、ある意味を表現するというよりも、その記号自体と、他の諸記号との間の、意味の距たりを示しているということである（58頁）。

そして、彼は、次のようにして、幼児の言語習得がなされ、語が意味をもつ結果に至ると述べている。

> 彼のまわりで話される国語の全体は、まるで渦のように彼をとらえ、その内部の分節によって彼をさそい、そのいっさいの物音が何かを意味するようになるほとんどそのときまで、彼を導くことになる。……記号が、

最初から弁別的であり、それ自身によって構成され、組織化されている
からこそ、記号はある内面をもちついには或る意味を要求するにいたる
のである (60頁)。

　では、ここで述べられている「弁別的な記号体系」が意味を持つにいたる
過程はどのようなものであろうか。
　メルロ＝ポンティは、「ここでは、言語のさまざまな成分が問題なのであっ
て、これらの成分は、それ自身としては、それと指定しうるような意味をもっ
ておらず、それらの唯一の機能は、本来的な意味での諸記号の識別を可能に
することなのである」(59頁)、と言っている。
　ここでそれを詳細に示すことは不可能であるが、ヒントとなるべきことを
みておこう。

(c) 言語習得の観点から
　こうした「成分」の一例として、今井むつみ氏が述べている事柄を参照し
ておこう。

　　子どもは、だれにも教わらずに自分だけの力で、単語を形成するより小
　さいパーツに分割して、ことばを創るためのパーツを「発見」しています。
　例えば日本語では何かに「する」をつけて、それを動作の名前として使
　うことをよくしますね。「野球する」とか「サッカーする」とか「勉強する」
　とか「ランチする」などという言い方も聞きますね[16]。

こうして、さまざまな語に見られる共通の成分「する」は、その語だけでな
く多くの語について、ある指標の役割を果たすであろう。

　また、今井氏は言語全体の「システム」についても次のように述べている。

　　いくつかの単語を覚えると、赤ちゃんはその単語が単体であるのではな
　く、まとまりの一つとしてある (つまりシステムの要素である) と考えるよ

うになるようだ、と［筆者は］述べました。赤ちゃんは単語を覚えると
ともに、そのまとまりの中にある単語どうしの関係、さらにはシステム
の仕組みを探し出そうとします[17]。

そして、「まとまりの中にある単語どうしの関係」として、「似ていること」
が探されると言われている。「ものの名前（名詞）、動作の名前（動詞）、モノ
の性質の名前（形容詞）では『似ている』の意味は異なる」が、何らかの類似性
が探されるというのである。

　さて、今井氏によれば、このような「似たこと」が探され、それにもとづいて、
「アナロジー」による言葉の使用が行われる。例えば、何かに「する」をつけ
ると動詞にできることを発見した後は（「捨てる」のかわりに）「ポイする」、（「投
げる」のかわりに）「ポンする」などオノマトペに「する」をつけて動作を表す動
詞の創造をするようになる、ということも起こりうる。そして、最後に、大
人の言語の使用を参照して、多くの場合、自ら、不適切な言い方を「修正」
していくとのことである。

　さて、7であげた「連合」の例では、「名辞」がおもなものであったが、「遊ぶ」
のような動詞を取り上げれば、時制や人称語尾の変化なども「類似性」・「関
連性」として捕らえられる。こうした「文法的な事柄」について、メルロ＝ポ
ンティは『意識と言語の獲得』（102頁以下）で扱っている。「文法的な事柄」に
は以下のようなことが含まれる。

　　発音体系。
　　名詞的な語の人称、格。
　　動詞の時称（時制）、語尾変化。
　　命令・疑問・平叙文などの別。
　　語順。

　われわれは通常、言語の差異および関連性の体系として、名辞目録のよう
なものを考えがちであるが、以上のような差異や関連性も含まれるというこ
とは重要である。

　言語習得は、以上にみてきたような形で、多くの語彙のなかに、さまざま
な「関連性」を見出すことによってなされると思われる。それは、「する」と

いう言い方であったり、会話のさいに見られる語尾変化であったり、疑問文を表す特徴的な言い方であったりするであろう。このような「関連性」の発見によって、言語体系は差異からなるにもかかわらず、「肯定的な」事柄を示すようになると思われるのである。

9 語の「意味」の再考

（a）関連性と意味

さて、こうした過程を考えてみると、言葉のなかに類似性や関連性を発見していくことが「言語体系」を習得するために重要な役割を果たしていると思われる。

だがそうすると、それを「意味」の観点からみれば、たとえば、「猫」という語は、さまざまな「似ていること」や「関連性」のなかで「意味」を持っているのであり、幼児はそれを身につけることによって「猫」の「意味」を知るようになる、と捉えることができるのではあるまいか。

つまり、以上で見てきた或る「語」に関する「関連性」と「差異」（連合ないし連想関係）をふまえてその語を使用できることが、その語の「意味」を知っていることだと言ってよいように思われる。一つの語だけを取り出してその「意味とは何か」と問うてみると、答えに窮するが、上のような語の相互関係——それは捉えられた事象の相互関係にも対応する——を考えれば、それが「意味」理解の内実であると言えるかもしれない。

その関連には、たとえば、定義的な言い換え、類義語、反対語などの関係や、物事の分類を表す語なども含まれる。姉と妹、教師と生徒などの関連、釘・金槌・大工・木材といった関連もそうした理解に含まれるであろう。実際、われわれが辞書などで語の「意味」を調べる場合も、そうした関連を調べたり、確認したりするのである。こうしたことからも、「意味」は語の諸関連に相関しているものと考えられる。

このような理解の下では、一つの語はさまざまな関連性ないし連合の「結節点」としてはたらき、「意味」とはそうした関連の存在を示すことがらと考えられるのではなかろうか。

（b）内包と外延の観点から

先にみたように、語の表す「概念」には、その適用される範囲を示す「外延」と、適用される物事の性質にあたる「内包」が区別される、その区別に即して言えば、「内包」が「意味」にあたる。ふたたびこの観点から「意味」について考えてみよう。

ある人がすでに語の連関にもとづく「意味」を知っている場合には、それによって、その語を事物や事象に「適用」することができる。だが、われわれは最初から語の「意味」を知っているわけではない。例えば子供に（「犬」や「赤」といった）語の意味を教える場合、実際に言葉を適用してみせることがある（文の中で使う場合もあるし、指さして言葉を教える場合もあろう）。その場合、ある条件の下でうまくいけば、子供は、語の「適用」を知ることにより、単に個々の「適用」を学ぶだけでなく、その語の「意味」を知ることができる。つまり、いくつかの実例を目にすれば、実例だけでなく、どのようなものにその語を適用できるかがわかってくる。つまり、適用される物事の性質や特徴としての「意味」が理解されるということである。

ただし、「適用」だけが語の理解を産むと考えるなら、それは不正確であろう。たとえば、三角形、四角形、五角形といった語を理解し、数詞を理解しているなら、実物を見なくても「十角形」や「千角形」の意味を理解できるかもしれない。これは、その時点ですでに理解していた「意味（内包）」にもとづいて新しい言葉を理解したことになるであろう。また、言葉の意味や概念には、「二角形」などのように外延に属するものが存在しないものもある。そのような「概念」について、われわれは対象を指し示すことはできないが、その「内包」を理解することはできるのである。

こうして、語の意味の学習という観点から見れば、「意味」と「適用」、あるいは、「内包」と「外延」はいずれも不可欠なものとみることができるであろう。下の図はこれらをまとめたものである。

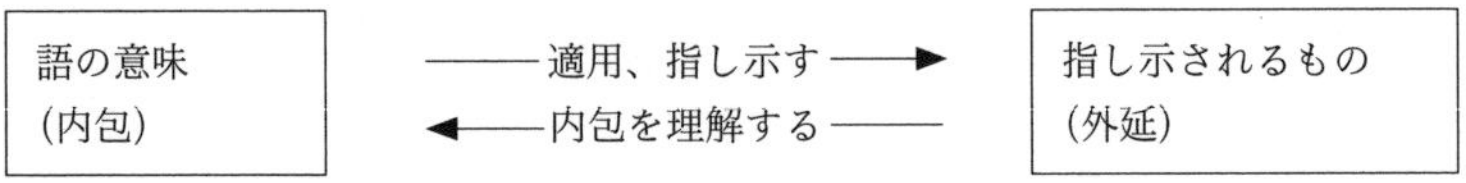

語の意味 （内包）	── 適用、指し示す ──▶ ◀── 内包を理解する ──	指し示されるもの （外延）

なお、「語彙」と「意味」について補足しておくと、町田健氏は『ソシュールと言語学』(60頁以下)で、「ある単語を使う場面的な条件まで単語の意味の中に含めるとするならば、やはりまったく同じ意味を表す単語、つまり完全な同義語が一つの言語に二つ以上あることは原則としてないのだと考えることができます」と述べているが、これは是認しうることがらであろう。「手紙」、「書簡」、「メール」などの語も同義語と扱われることもあるが、総称としての「手紙」、重要なあるいは公式的なものとしての「書簡」、電子的なものとしての「メール」など意味合いないしニュアンスは異なるのであり、それを「意味」の違いと捉えることもできる。

　ちなみに、こうした「差異と関連性の体系」は、「情報」と言われることとも関係している。「情報」とは、いくつかの選択肢から選んで示すことであり、その選択肢は「差異」からできている。たとえば、天気予報の(雨、曇り、晴れ、雪などの)区分はそうしたことを示している。ただし、通常「情報」と言われる場合には、曖昧さのない、あるいは、曖昧さを排除しようとする努力を含むような「差異」の扱いがなされる場合のことが多いであろう。

10　言語と意味の変遷

　これまで述べてきたことを言語の変遷という観点から見てみよう。人々が「語り」、新しい言い方を使い、それが定着すると、言語体系の中での言葉が変化する。日常語はとくに変化がいちじるしい。新しい語が古い語からかつくられたり、外国語から導入されたりすることもある。次のような例をあげることができる。「爪いたい」が「つめたい」という意味で使われるようになったり、「しゃくし」が「しゃもじ」と呼ばれたり、「髪」が「かもじ」と呼ばれることがあったり、「傍題」(和歌の用語)から「放題」という語ができる、という具合である。新しい語が流通すると、その語だけでなく、まわりの語、さらには言語体系全体が変化をこうむることになる。たとえば、「池」の下位区分として「溜め池」という語が作られたとすれば、それに応じて、「普通の池」あるいは「溜め池以外の池」と「溜め池」の差異を考える可能性も生まれたのである。新しい言い方の例を探せば、「お茶する」、「就活」といった表現などもあり、これは他の言い方にも影響を及ぼしたのである。

こうして日常語は変遷が激しいが、これに対して、学問的な用語などの変動は概して激しくない。意味が頻繁に変わるとコミュニケーション上の混乱が起こるので、定義、辞典、教育などによって、紛らわしい変化を抑制しているからである。しかし、長い目でみれば、学問用語に大きな変化が起こる場合もある。たとえば、「力」といった語はそうである。

発音体系の変化としては、撥音や拗音が以前にはなかったこと、「はひふへほ」の音は「ぱぴぷぺぽ」であったことなどがあげられるが、これも体系的な変化であろう。

では、このような変化が生じるのはどのようなことによるのであろうか。きっかけはいろいろであろうが、町田氏は、言語の変遷の基本的な理由として、言語が曖昧であること、言い換えれば、不完全であることを挙げている[18]。これを、言語記号に関する用語で言えば次のようになるであろう。完全な言語が存在するとすれば、それは、〈音素列〉—〈意味（の理解）〉—〈適用範囲〉の対応が完全に決まっているというような言語である。例えば、「自転車」といえば「地面を走る人間が動かす二輪ないし三輪の乗り物」というように、すべての語の意味が不変で、何を「自転車」と呼ぶかが定まっているといった言語である。ところが、実際の日本語では、「自転車」という語を使って、「電動自転車」と言えるし「空飛ぶ自転車が発明された」という言い方もできる。つまり、実際には、曖昧な意味で語を使うことができ、そのゆえに、新しい用語も可能なのであり、語彙に変化の余地があるのである。同じように、「筆」でないのに「万年筆」と言うことができるし、もとは馬をつないでおく場所のことであった「駅」が鉄道の「駅」を表す語にもなりうるのである。こうしてわれわれは、新しい種類のものが作られたり、新しい経験や感じ方が生じたりした場合に、なんとか工夫して、新しい表現を使うのである。もし、〈音素列〉—〈意味〉—〈適用範囲〉が完全に決まっている言語[19]があれば、それは、厳密であるかわりに柔軟性がなく、新しい事柄を表現できない言語だということになるであろう。

ソシュールは、一定の時点での言語体系（ラング）を「共時態」、時間ないし歴史に沿って共時態としての言語体系が変化する有り様を「通時態」と呼んだ。変化は個別ではなく体系全体の変化を引き起こすことなので、「通時態」

は「共時態」の見方を前提としている。(下の図を参照)

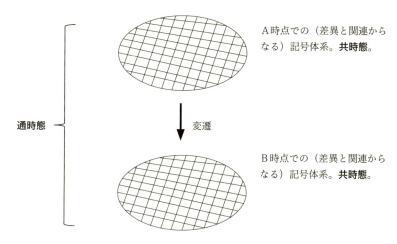

最後に、ソシュールの用語のまとめをしておこう。

ランガージュ　┌ パロール（発話）：個人の発音の仕方（例えば癖や声の高さなど）、
（言葉）　　　│　　　　　　　　　また、実際の発話、言語の使用
　　　　　　　└ ラング（言語体系）：ある時点での共同体の言語体系

ラングに関連する諸区別
　1. 記号の2側面
　　　　┌ 〈音素列〉ないし〈文字〉の側面　…シニフィアン（意味するもの）
　　　　└ 〈意味〉の側面　…シニフィエ（意味されるもの）

　2. 記号（語）相互の関係：連辞（統合）関係と連合関係
　3. ある時点での言語体系としての共時態と、共時態の変遷の有り様としての通時態

第3節　メルロ＝ポンティのソシュール理解[20]

　メルロ＝ポンティは、われわれがこれまで見てきたソシュールの言語理論を受け入れた上で、言語表現についての自らの考えを展開している。『間接的言語と沈黙の声』の題名の「間接的言語」とは、言語による伝達が「間接的」であることを述べており、「沈黙の声」は、「絵画」も何ごとかを語るという

意味だと解することができる。同書では、「言語」と「絵画」という表現手段を対比して、「表現」としての共通性を考察しているのである。「絵画」についての考察は第4章で検討することとし、ここでは、「言語」についての彼の考えをみておこう。

ソシュールの考えに即してみるとき、「言語」が「間接的」であるとはどのようなことを意味するのであろうか。

すでにみたように言語は、「差異と関連性」からなる記号体系を使って表現することであるが、「意味」が最初から固定的に「記号」に結びついているようなものではない。つまり、〈音素列〉と〈意味〉は必然的に結びついているわけでなく（恣意性）、時とともにその対応は変化するものこともありうる（変遷）。それにもかかわらず、〈音素列〉が〈意味〉を表現するのは、それが「差異と関連性からなる体系」だからである。このゆえに、メルロ＝ポンティによれば、「言語表現」はそもそも「間接的」なのである。われわれは他者の経験を自分のものとして経験することも、自分の経験を直接他者に伝えたりすることもできず、せいぜい「言語を媒体とする間接的な伝達しかできない」という意味でこの言葉を受け取る可能性もあるが、メルロ＝ポンティの考えはそうではなく、この表現媒体による限り、一つの語が直接に意味を表現するのではなく、一つの語が他の語との関連の中で表現するのであり、このゆえに、「間接的」伝達なのだということである。

メルロ＝ポンティは、作家や詩人による「創造的な」表現も、上で見た言語が「変遷する」際と同じような特徴をもっていると考える。つまり、それまでになかった「新しい意味を表現する」という点で、「創造的表現」も言語の変遷の一例とも捉えられるわけである。それは、すでに共同体の中で定着して新鮮味を失ってしまった表現ではなく、いままでの表現をふまえたうえでの「新しい表現」である。ただし、芸術家、作家は、偶然それを見出すのではなく、これまでの表現の歴史などを踏まえ、自覚的に新しい表現を模索するのである。

こうした対比を明確にするために、彼は、「二つの言語」という言い方をする。

　　あえて言えば、二つの言語があるのだ。〈事後の言語、習得され、そし

て自分がその担い手となった意味の前では姿を消してしまう言語〉と、〈表現の瞬間に形成されつつあり、まさに私を記号から意味へと滑りゆかせようとする言語〉、つまり〈話された言語〉と〈話している言語〉とがそれである [21]。

「話された言語」とは、すでに言語の共同体のなかで人々が使い慣れていて意味が理解されているような語や表現であるが、そのような表現は使い慣れているゆえに、意味はすぐわかるが、表現自体は注目されないのである。それに対して「話している言語」は、「新しい意味」を表現しようとするので、意味は明確でないかもしれないが、今までの意味的な感触とは違い、そのゆえに目につく表現なのである。

　だが、「二つの言語」という言い方は、あまり厳格に、あるいは、杓子定規に受け取る必要はないように思われる。一方は新鮮で、表現力が豊かな表現で、他方は、使い古され、陳腐になった表現ということだが、何時、誰にとって、新しい言い方なのか、使い古された言い方なのかという基準を明確に定めることなどできず、一般には使い古されたものでも、ある時点で、また使い方次第で、再び新鮮な表現として受け取られることもありうるからである。

　メルロ＝ポンティは、この「二つの言語」という考えに即して、表現を受け取る際の読書経験についても述べている。

　　私は同じ動作で、受け取りもし、与えもする。私は読書の行為に、私の国語の知識を提供したし、それらの語、それらの形式、その統辞法の意味について知っていることを自分から持ち出した。私はまた、他人や出来事についての全経験や、その経験が私のうちに残しておいたあらゆる疑問を提供した……。だがその本も、私の知っていることについてしか私に語ってくれないとしたら、あれほど私の興味をそそりはしないであろう。本はむしろ、その向こうに私を連れ出すために、私がもたらしたもののすべてを利用したのである（同上、28頁）。

ここで、「その向こう」とは、作家がなした何らかの経験や感情を表すであ

ろうし、それは読者が未だ感じたことがない、あるいは、表現されたことがない経験や感情であることもあろう。

　こうした新しい表現について、彼は、ソシュールのいう記号と意味の対応を援用して述べている。

　　なるほど本は、著者と私とが合意しあっている記号の力をかりて、まさしく、われわれは思いのままに操りうる既定の意味の共通の地盤にいる、と私に信じさせてくれた。本は私の世界に位置していた。だが次に、知らず知らずのうちに、本は記号をその通常の意味からそらせたのであってさまざまの記号は、私がいま追いつこうとしているまさにその別な意味に向かって、旋風のように私を引きずっていくのである。（同上、27-28頁）

同様のことを、メルロ＝ポンティは、『世界の散文』の中で、（絵画について述べたあとで）次のように言っている。

　　言語の課題も似たようなものである。平凡であるかもしれないが、当の作家にとっては人生のある的確な味わいとして要約されるようなある経験が与えられ、それに加えて語や形態・言い回し・統辞法・さらには文学的ジャンル、慣用によってすでに或る共通の意味を負わされて各自が自由に操れる物語の様式といったものが与えられると、そうした道具を選択し、集め、操作し、それに工夫を加えながら、それらがみな、〈その作家にたえず住みついている同じ生活感情〉、ただし〈その時以後、想像界や言語の透明な身体のうちに繰りひろげられることになる同一の生活感情〉を誘い出すようにするというのが、彼の課題なのだ。したがって、絵画と言語のどちらにおいても、経験のなかに散らばっているある一つの意味の同じ変質・同じ推移があるのである……（同上、71-72頁）。

上では、語や語の形態［活用など］、言い回し［熟語・ことわざ］、統語法［語の組合わせ方、語順］、文学的ジャンルや物語の様式［詩、小説、ノンフィクショ

ン、脚本、メルヘン〕などがあげられているが、それらも、第2節7でみた「連辞関係」と「連合関係」の例と考えることができる。作家は、それらを使って、なんらかの「生活感情」を表現しようとするのであり、それが、「新しい意味」の表現となるわけである。

　よく知られてものもあるが、いくつか、表現例をみてみよう。

　　　閑かさや岩にしみ入る蝉の声　　　　（芭蕉）

この句は「蝉の声」という音が「岩にしみ入る」という通常は考えられないような語の組み合わせを使っている。しかし、実はこれは、実際の情景や感覚をよく写すものだとも言えよう。

　　　斧入れて、香におどろくや冬木立　　　　（蕪村）

斧を入れる感触と音と香が重なり合い、また、冬のなかに春を予感させる生命の動きが重なり、現実の風景と驚きを表している。

　　　かへるでの太樹に凭りてわれゐたり年老いし樹のこのしづけさよ
　　（齋藤茂吉）

太樹と作者の老いの姿が重なり、そのいずれをも「しづけさ」がつつんでいる。こうした重なりのなかに作者の気持ちが的確に表されているように思われる[22]。

　俳句や短歌の場合には、小説のようにあまり準備を必要とすることもなく、ありふれた語の意味からわれわれを「そらせ」、「意味をずらせ」、通常の連合関係から「向こうへ」われわれを連れて行くのである。

　とくに上の作品は有名であるゆえにすでに文化として定着した「連合関係」といってもよいかもしれないが、やはり、つながりは新鮮である。

　こうしたことは、どちらかといえば、散文よりは詩的なものに直接見られ

68

ることであろう。だが、小説にもこんなものがある。

　　背中が痒いと思ったら、夜が少しばかり食い込んでいるのだった。
　　まだ黄昏時なのだが、背中のあたりに暗がりが集まってしまったらしく、
　密度が濃くなったその暗がりの塊が、背中に接着し、接着面の一部が食
　い込んでいるのだった [23]。

「暗がり」が集まり、体の一部に食い込むという、カテゴリーを混乱させる
ような不思議な表現をしているが、闇の深さやはっきり見えない背中などと
ともに、どこかで見たことのあるような感覚を生み出すように思われる。

　こうして、作家は、新しい言葉やその連想によって新しい経験を表現し、
それを伝える。

　しかも、作家は試行錯誤のうえで、固有の経験の切り取り方を作り上げる、
それは、その人固有の「スタイル」と言うことができる。それは、「眼の付け所」
であり、「語り方」でもある。

　以上のように、メルロ＝ポンティはソシュールの記号論に拠りながら、言
語表現の特徴をとらえていた。彼はまた、『間接的言語と沈黙の声』などに
おいて、言語表現と絵画表現を対比しながら、「表現」を統一的に考察して
いる。本書の最終目的はその考察をたどることにある。

　そのための準備としてわれわれは、メルロ＝ポンティが大きな影響を受け
たフッサールの現象学に目を向け、彼の思索の地盤をみておこう。

注

1　『形而上学』第 7 巻第 12 章 (1037b29)。
2　Ferdinand de Saussure, 1857-1913, スイスの言語学者。著作『一般言語学講義』(Cours
　de linguistique générale) は、1907 ～ 1911 の 3 回の講義を弟子達が編集したもので
　あり、1916 年に出版された。邦訳には以下のものがある。『ソシュール　一般言
　語学講義』(小林英夫訳、岩波書店、1940 初版)。『新訳　ソシュール一般言語学
　講義』(町田健訳、研究社、2016)。本節でのソシュールからの引用は、町田健訳
　の頁数によって示すこととする。
3　町田健『ソシュールと言語学』参照。
4　町田訳、28 頁参照。

5 厳密には「聴覚映像」というべきだが、ここでは、簡略化して、「音素列」(音素の連なりの意味)と表記する。

6 第1部第1章第1節。

7 同上、第2節。

8 同上、160頁。以下、日本語の例を挙げることがあるが、ソシュールが日本語の例を使っているわけではない。

9 本書では「概念」と「意味」は、原則として同じ事柄として扱う。

10 〈音素列〉のまとまりの把握が、単語の意味の理解に先行することについては、今井むつみ『言葉をおぼえるしくみ』第2章などを参照。

11 子供は、人々との行為や言葉を交えたやりとりのなかで語の意味の違いを理解していくが、その際、一つの語はほかの語と違うという理解が前提条件になっているということである。そうしたやりとりについても、前掲書を参照されたい。

12 フッサールについては、次章で扱うが、彼は最終的には次のように言う。「一人だけで言い表される思考といえども、最初に思想形象をもち、つぎに適切な語を探すというようではない。思考は、もともと、言語的なものとして遂行される」(Hua 17.S.359,1920/21.)。

13 「関連性」とは7以降でのべる「連合」関係のことである。

14 言語学には、文中の語順や配列(統語)を扱う分野「統語論(シンタクス)」があるが、それと「連辞」との関係を丸山圭三郎氏は次のように説明している(『ソシュールの思想』98頁)。「……連辞は従来の句や節および文といった統辞論上の単位のみならず、語の下位要素の結合をも含めるもので、形態論と統辞論の壁をとりはらった画期的発想である」。

15 「連合」も「連想」も同じ語の訳語であるが、顕在的に連想されるだけでなく潜在的な関連も含む。本書では、「連合」と表記する。

16 今井むつみ『ことばの発達の謎を解く』159-160頁。

17 同上、160-161頁。

18 町田健『言語が生まれるとき・死ぬとき』大修館書店

19 このような有り様の言語をメルロ=ポンティは、『世界の散文』などにおいて、「純粋言語」ないし「理想言語」と呼んだ。

20 メルロ=ポンティのソシュール理解が本質的な点で的確であることについては、丸山圭三郎『ソシュールの思想』193頁以下を参照されたい。

21 『世界の散文』滝浦・木田訳、みすず書房、27頁。

22 『齋藤茂吉歌集』234頁。

23 川上弘美「惜夜記」、『蛇を踏む』所収。

第3章　現象学の諸問題

　前章で、ソシュールとメルロ＝ポンティの「言語論」についてみてきたが、「絵画」についての思想を見る前に、関連するいくつかの事柄について、フッサール[1]の思想を中心に見ておこう。

フッサール

　われわれは、日常生活において、物体や身体、他者、数などの数学的対象、論理法則などは、自分の「意識」とは関わりなく存在すると、言いかえれば「意識から超越している」と思っている。だが、フッサールは、それらも何らかの仕方で「意識されている」と考え、その「意識されている仕方」を反省的に解明しようとした。そうした反省は、ものごとがどのように「現れるか」を解明するという意味で「現象学」と呼ばれた。また、その際、「超越している

と思われているもの」について、「定立」(存在するとみなすこと)を中止し、「純粋に意識に内在する与件」をもとにして、どのようにして「超越的なもの」が定立されているのかを反省することが、「現象学的判断中止」や「現象学的還元」と名づけられた。

だが彼は、分析の進展とともに、従来は〈意識に内在的なもの〉と考えられた「意識の所与」も「意味」、「時間」、「身体」、「他我意識」などといった、純粋に「内在」とはいえない要素を含んでいることに気づき、それらも含めて分析を行うようになった。このことが、彼の現象学的分析を豊かで、読む者にとって有益なものにしているように思われる。

本章では、「言語的および知覚的意味」、「身体」、「他我意識」、「画像意識」について、メルロ＝ポンティの思想も含めながら、考察する。

第1節では、〈言語によって表現される意味〉と〈物事の知覚的現れにおける意味〉をフッサール初期の『論理学研究』にそくして概観する。

ついで、第2節では、上の両方の「意味」の関連を、フッサール後期の『経験と判断』などを参考にして考察する。

第3節では、知覚や行為において前提となっている「身体」について考察する。身体的行為はメルロ＝ポンティによって志向性をもつと捉えられたが、それはまた、他者に対する表現の一種となる。

第4節では、自我に対する「他者」(ないし「他我」)がどのようにして理解可能かを考える。「他者」は言語的コミュニケーションの暗黙の前提であり、画家にとっても、描かれるものとして、また、自分以外の描く者としても、重要な意味をもっているからである。

第5節では、フッサールによる「画像意識」(絵画などの画像を見るときの意識)の分析をみて、絵画の在り方について考えるための端緒とする。

第1節　記号・表現・意味

ソシュールが「一般言語学講義」を行ったのは1906年から1911年であった。そこでは、前章でみたように、「記号」、「意味」など言語の根本問題が扱われた。他方、現象学の祖フッサールはその少し前の1901年に前期の代表的著作『論

理学研究　第2巻』を公刊し、そこで、やはり、「記号」や「意味」を問題にしていた。また、そこでは、「意味付与作用」と「意味充実作用」（知覚など）という意識作用も扱われていた。こうした考察は後期にも続けられ、考え方の展開がみられるが、後期の思想については次節でみることとし、本節では、まず、前期のフッサールにそくして、ソシュールとは違った角度から、「記号」と「意味」について考察し、「知覚」との関連も探っていこう。

1　記号と表現の区別

　フッサールは、『論理学研究』（第二巻第一研究）の冒頭において、「表現」と「記号」と「意味」について考察しているが、それは、以下のような「記号」と「表現」の区別から始まる。

　すべての「表現」は、語られた言葉であれ、文字であれ、何かを示す限りで「記号」であるが、逆に、すべての記号が「表現」だとは言えない。たとえば、「化石化した骨片」は「太古の動物」の「記号」だと言うことができ、その骨片を見た人は太古の動物が存在したということを考えるかもしれない。しかし、それは、「『恐竜』という言葉が恐竜のことを意味する」というような関係を示しているわけではない。骨片とその動物の間にはなんらかの憶測や媒介があるのに対して、語とその意味は、日本語を解する者であるならば間違える余地のない緊密な関係にあるのである。そのような形で「意味」をもっているのが「表現」なのである。

　ところで、この点に関して、「化石化した骨片」が「太古の動物」を「表現する」という言い方もできると考える人がいるかもしれない。だが、その場合の「表現する」という語は「示す」とほぼ同じような使い方であり、比喩的なニュアンスが感じられるであろう。フッサールはそうした関係を、言語表現にみられる「表現と意味」の緊密な関係から区別し排除しようとしたのである。

　さて、表現が「意味をもつ表現」であるためには、「表現」に「意味」を与える心的作用（「意味付与作用」ないし「意味志向」と呼ばれる）が必要である。それがなければ表現は単なる音声にすぎないからである。また、コミュニケーションにおいて、その表現が聴き手にとっての「表現」としてはたらくためには、その表現は「意味付与作用」を指し示す「記号」としてはたらく必要が

ある。聴き手は少なくとも話し手がその表現を使おうという意図（伝達意図）をもっていると考えて、その発話を理解しなければならないからである。そこで、「独り言を言う」のであればその必要はないが、聴者に「意味」とその「伝達意図」が伝わるためには、「表現」は「意味を表現する」機能だけでなく、「記号」の機能も持たなければならないのである。

だが、この時期のフッサールには、表現がコミュニケーション手段として機能するということを軽視ないし無視する傾向がみられる。というのは、先のように「独り言を言う」という場合が想定され、その場合には、あるいは、その場合にこそ、その言葉は「記号」としての機能から切り離されて、純粋に「意味を表現する」ものとして機能すると考えられているからである。なお、この点には、この節の最後で立ち戻ることとする。

次に、表現される「意味」については、その「イデア的（理念的）同一性」ないし「客観性」が主張されている。たとえば、「三角形の三つの垂線は一点で交わる」という文が例としてあげられ、次のように言われている。

> この言表が言表していることは、誰がその言表を主張しようと、また、いかなる状況、いかなる時に彼が言表しようと、同一のものであり、そして、この同一のものとは、まさに、三角形の三つの垂線は一点で交わるということである。

このような命題の意味についての考え方は、第一章でみたとおり、プラトンの「イデア」の考えに由来し、そのゆえに意味の「同一性」は「イデア的（理念的）同一性」ないし「理念性」という言い方がされる。この同一性の在り方については、第2節7において、フッサール後期の考えをみながら、再考察することとする。

2 意味と対象の区別

さて、上の例では「命題の意味の同一性（理念性）」が主張されていたが、ここでは、そうした命題を形成する「三角形」などの「名辞」の「意味」の扱いを見ておこう。

フッサールは、「名辞」の考察において、その「意味」と「対象」とを区別している。たとえばナポレオンという有名な人物を表示ないし思念する場合、「イエナの勝者」と「ウォーターローの敗者」という二通りの「意味」を媒介として、その人物を思念することができる[2]。また、「一般名辞」に関して言えば、「等角三角形」と「等辺三角形」という名称は違う「意味」を表しているが、それによって「同じもの」を指すのである。そこで、これらの表現は、対象として、「可能的適用の同一外延をもっている」と言われる[3]。こうして、「一般名辞」の場合には、対象はそれが適用される「外延」であると規定されているが、その「意味」のほうは、適用される対象に共通の「メルクマール(特徴)」であると言われている。これは、われわれが前章で、「内包」としてみてきたことである。

　まとめて言えば、「表現」は対象を、「表現の意味」を媒介にして表示する(名指す)のであり、その際の「意味作用」とは、「その都度の対象を思念する一定の仕方である」ということになる。

3　意味付与作用（意味志向）と意味充実作用

　フッサールは、表現が「意味」をもつのはその表現に意味を与える「意味付与作用」(「意味志向」)によるのであり、その作用は「対象」のことを「思念」することであり、その限りでは、「対象への関係」は成り立っている、と考える。

　しかし、「意味付与作用」だけがある場合には、対象は「意味」によって考えられているものの、対象そのものが「直観」的に与えられるわけではない。このことは、対象の「知覚」によってはじめて成り立つのである[4]。その場合、「意味付与作用」による「意味」が「直観」によって「充実される」(満たされる)ことになるので、「直観」は「意味充実作用」と呼ばれる。

　もちろん、「意味付与作用」があれば、「意味充実作用」がなくとも「意味」は存在するので、その場合の意味は「志向する意味」と呼ばれ、それに対応して、「直観」が存在する場合には、「直観」のほうは「充実する意味」をもつと言われている。

4 知覚的意味の問題

だが、「直観」が「意味志向」を充実するのであれば、そこに「充実する意味」が介在すると言われているのはどうしてであろうか。「意味志向」と「意味」と「直観による充実」という三つの契機が関係し合うという理解で十分ではないだろうか。

この問題の考察をとおして、「知覚的意味」、つまり、知覚に属する意味がフッサールによってどのように扱われているかを見てみよう。

フッサールは、対象を「記号（言葉）によって思念すること」、対象を「想像すること」、対象を「知覚すること」などのようにして対象に関わることを総称して「対象を志向する」とよび、「対象に向かう」という意識の性質を「志向性」と呼ぶ。また、「思念」と「想像」と「知覚」は、志向作用の基礎として、対象を「表象」する三つの「形式」とされている[5]。

その「表象」の三つの「形式」にそくして、それぞれを構成する「意味付与」ないし「意味充実」、「意味（作用質料）」、「感性的所与（感性的に与えられたもの）」を「箱」の場合を例として表の形で表すと次のようになる。

表象の「形式」	意味	感性的所与	対象
記号的思念 （空虚な思念） ［意味付与（志向）］	志向する意味 「箱」	記号の現れ （文字ないし音） 「はこ」	思念された対象「箱」
想像 ［意味充実］	充実する意味 「箱」	想像の現れ（ファンタスマ）	
知覚 ［意味充実］	充実する意味 「箱」	射映（ある角度からの見え）	

「箱」の表象の「形式」にそくした区分

表象の「形式」にそくした説明をしておこう。

記号的思念（記号を介して対象を思念する）の場合には、「はこ」という記号の現れを介し、それに「箱」という意味を付与して、対象として箱のことを考えるということになる。

知覚の場合には、「射映」という形で与えられる感覚を介して、対象（箱）を実際に知覚するが、それによって、上の「意味付与作用」による「意味」は「充実される」。

想像の場合には、知覚の場合と同様であるが、「感性的所与」は想像的な現れである（これについて、本書では立ち入らない）

このうち「意味充実」が起こるのは、志向された「意味」に見合う知覚や想像がある場合である。言葉によって表される「意味」は、「意味付与（志向）」における「意味」であるが、問題は、「知覚における意味」という項目が是認されるかどうかということである。

「知覚における意味」は意味志向における「意味」を満たすのではあるが、「知覚と一体になっている意味」である。その場合の「意味充実作用」は「意味志向作用」を充実するのであるが、その「意味充実作用」の「意味」は、「意味志向作用」による「意味」よりも、対象に関してより詳細に規定されていると考えられる。言葉では表しにくい「色合い」や「色の布置」、見える部分と見えない部分の配置、遠近の見え、などがその例となるであろう。たとえば、さまざまな家の見えが「白い家」というような「意味志向」に適合するのであり、「白い木造の家」も「白い大きな鉄筋の家」もそれに適合するのである。

モハンティは、「意味充実」に関して次のように言っている。

……私の知覚作用が先行する意味志向を充実するとき、この役割を果たすのは、作用のすべての細部、すべてのここと今［の内実］であるわけではない。作用の全体がその役割を果たすうえで、それらが必然的というわけでもない。……むしろそのような作用であればどれであっても（いつか他の時点における私の知覚でも、現在における他人の知覚でも）同一の役割を果たしうる。それゆえ人は充実する体験の内から中心的な核を取り出すことができる。

これは、上のような、「充実する意味」のほうが「志向する意味」よりも豊富である場合のことである。また次のような場合もある。

　　逆に、同一の知覚が相異なる志向（たとえば「これは白い」「これは赤くない」）を充実したり、確証したりするのに役立ちうる。同一の知覚でも役割が異なれば充実する意味として機能するために知覚全体の異なる「切り口」が必要とされることを、われわれはここでもみてとらなければいけない[6]。

これは、「意味充実」が複数の「意味志向」を充実するという事例である。

　こうして、「意味志向」を充実する知覚は、「意味志向」よりも豊富で多様な「意味」をもつと言えるであろう。この点は、次節でみるように、『経験と判断』において、よりダイナミックな視点から考察され、その考えはメルロ＝ポンティにも受け継がれることになる。

5　記号の役割の再考

　本節の最後に、表現の記号的側面（ソシュールの言う「シニフィアン」の側面）の重要性についての、後期フッサールによる見直しをみておこう。

　本節の「1　記号と表現の区別」においてみたように、『論理学研究』では、記号の音声ないし文字の面を軽視する傾向がみられた。だが、メルロ＝ポンティも『人間の科学と現象学』[7]で注意しているように、『形式論理学と超越論的論理学』では、言語記号を使って語ることと「思念」の一体性が、次のように述べられている。

　　語ることの統一は思念の統一に対応し、語ることの言語的な分節と形式は思念の分節と形式に対応する。ただ、思念は言葉と並んで外的にあるのではなくて、われわれは語りながら、いわば言葉を生かしながら進行する言葉と融合した思念を遂行するのである。このように生かすことの成果として、言葉と語ること全体は、いわば思念を身体化し、その身体化されたものをそれ自身の内部に担うことになるのである[8]。

つまり、「思念」は「記号としての言葉」と同じような仕方で分節化され、そのことによって両者は一体化しているというのである。「思念」にとっての「記号」の重要性が認められているといえよう。

また、フッサールは、後期に属する有名な遺稿『幾何学の起源』の中で、「潜在化した伝達」にとっての「文字」の重要性についてつぎのように述べている。

> 直接・間接の個人的語りかけなしでも伝達を可能にし、いわば潜在化した伝達であるということが、文字に書かれた、出来事を記録する言語表現の重要な機能である。この表現によって、人類の共同化も新しい段階に高められる。文字は純粋に物体的な側面から見るならば、感覚に現れているままに経験されうるし、そして間主観的に共通に経験されうる不断の可能性をもっている。しかし、言語記号としては、それらは言語音とまったくおなじように、そのなじみの意味を呼び起こすのである[9]。

つまり、音声や文字という記号（シニフィアン）の側面が存在するゆえに、意味（シニフィエ）の音声による伝達や文字による「潜在化した伝達」も可能となるのである。エディはこのことについて、次のように述べている。

> 音楽や自然言語は明らかに、小説やシンフォニー・戯曲・詩などのような「文化物」の創造を可能ならしめ、ソシュールが「言語」と呼んだ構造体系という意味での言語に特徴的な理念性と反復可能性をもった「表記法」の体系である[10]。

この理解に従えば、フッサールがソシュールのような分析を行ったわけではないが、われわれは、フッサールが後期に念頭においていた「言語」はソシュールが規定していたような「言語体系」（シニフィアンとシニフィエの、差異と関連性からなる体系）と解することができるであろう。以上の見直しがなされたことは、表象媒体としての言語記号の考察にとって、大きな意義を持つ事柄である。

第2節　言語的意味と前言語的意味

　第2章でみたように、ソシュールは、「音素列」といったシニフィアンに関しても、また、シニフィエとしての意味を有する「語」に関しても、言語体系は「差異と関連性」からなると述べていた。一方、フッサールは、世界は言語以前にも分節化して現れ、世界の分節化は言語によるものだけではない、と考えている。その言語以前の世界の分節化はどのような形で現れているのであろうか。また、言語による分節化と言語以前の分節化はどのように関わりあっているのであろうか。こうした点を、フッサールの『経験と判断』[11] などによりながら考えてみよう。これは、前節で「意味志向」と「意味充実」と呼ばれていた関係を、さらに経験における「連合」的な関連や「類型」を考慮しつつ見直すことになる。

1　前述定的経験

　フッサールは、「存在するものがどのように存在し、それが何であるかを確定することが、認識活動」（47節）だと考え、その活動を、言語による判断と判断以前の経験という二つの段階に分けている。前者は、「この花は紫色である」という命題のように、主語に述語を付け加えるので、「述語定立的判断」（略して「述定的判断」）と呼ばれる判断行為であり、その成果は命題の形で得られ、言語によって伝達されうる。それに対して、判断以前の経験のほうは、述定的判断がなされる際に参照される知覚的経験であり、「前述定的経験」と呼ばれる。

　フッサールはこのような区分にそくして、論理学で扱われる「述定的判断」において現れる「Sはpである」といった論理的形式の起源を明らかにしようとする。彼によれば、原初的には「述定的判断」は「前述定的経験」に基づいて下されるのであるから、何らかの対象についての「述定的判断」がもつ論理的形式の意味を解明するためには、遡って、その対象についての「前述定的経験」の構造を明らかにする必要がある。彼はこの構想を「超越論的論理学」ないし「論理学の発生論的現象学」と呼んだのである（1節）。

　本書では、フッサールこの構想を検討することはできないが、「言語的な

分節化」と「言語以前の世界の分節化」を対比するために、まず、個別的対象が前述定的なものとして与えられ、経験される際の経験の構造を、確かめておこう。

（ａ）経験の対象の存在については、「存在する対象として認識の目標となるものはすべて、当然存在するとみなされる世界を基盤として存在する」と言われている。これは、世界のなかの個々のものについては、存在すると思われていたのに存在しないことがわかったり、個々の認識の誤りが訂正されたりすることはあるとしても、そうしたことは全体として、存在する「世界」とそのつどの「環境」を基盤としてはじめて問題になるということである。

ここで、われわれのテーマである「経験の構造」として重要なことは、認識の対象となるものは、それだけが与えられるのではなく、「すでに前もって存在する場の中で、他の存在者とならんで与えられる存在者である」ということである。ではそうした「場」の構造はどのようであろうか。

（ｂ）まず、あらゆる感覚の場は、視覚、触覚、聴覚などの感覚に応じて、それぞれ、「同質的」であり、ほかのすべての感覚の場に対しては「異質性」の関係にあると述べられている。そして、それらの感覚野の一つである「視覚野」の内部については、次のような叙述がある。

　　場の中の何かが浮かび上がるのは、たとえば白い背景の上の赤い斑点のようにそれが何かと対照をなす場合である。赤い斑点は、白い平面と対照をなし、斑点相互の間には対照はなく、もちろん互いに流れ込みあうのではないけれども、一種の遠隔融合をなして溶け合い、互いに同じものとしてひとまとめにされる。対照性をなすものについてみても、もちろんそこにはつねになにほどかは類縁性と融合がみられる……（16節）。

つまり、視覚の場においては、最低限の「同質性」のなかで、「対照」および「融合」をもって「感覚的所与」は現れるのであり、その現れは個別的な「感覚的所与」の所有といったことではない。

（c）つぎに、そうした場の中で与えられてくる「個別的対象」については、次のように言われている。

　　経験の個別対象について、……この対象が最初にまったく無規定の基体として与えられるということは決してない。世界はつねに、その中ですでにさまざまな認識活動が一定の成果をおさめたものとして、現れてくる。

すなわち、個別的対象は、まったく無規定のものとして出現するのではないということであるが、次にみるように、対象は、樹木や石や家といった「類型（Typus）」によってなんらかの程度において特徴づけられ、区別されて現れるとされている。そのことは、また、対象が他のものとの「関連性」や「差異」をもちつつ現れることを意味する。たとえば、樹木であっても松と桜は違う「類型」のものとして現れ、また、猫と犬は動物という同じ「類」に分類されるが、違う「種」の動物として現れる、という具合である。また、先にみたように、色もさまざまに区別されて現れる。そして、このような「類型」において現れる「花」といった対象にこそ、たとえば「この花は紫色である」という具合に、「述語」を適用して「命題」を作成することができるのである。

　もちろん、子供による述語の適用であれば、大人からみて間違ったり、不正確であったりすることもありうるが、子どもにとって対象が「類型」的に区別されていなければ、そもそも、それに語を適用することもできないであろうし、「訂正」もできないであろう。ある程度の適用ができる段階ではじめて、「訂正」も可能なのである。

　フッサールは、こうした「類型」のはたらきを次のように叙述している。

　　事物は、木、灌木、動物、蛇、鳥、などとして、さらに特殊には、樅、菩提樹、にわとこ、犬、山かがし、燕、雀などとして経験される。机はあらたに再認されるものという性格をもっている。新しい個物として経験されうるものは、さしあたり、本来的に知覚されるものだという点で

既知である。それは同等のもの（ないし似たもの）を想起させる。

ここでは、対象が「類型」をともない既に知られたものとして現れることが述べられているが、それに続いて、その「類型」が、可能な経験を示唆する役割を果たすことが述べられている。

　　しかしまた、類型的に把握されたものは、既知の事実を示唆するような、可能な経験の地平を、つまり、いまだ経験されてはいないが、期待されはする特徴的類型をもっている。たとえばわれわれが一匹の犬を見たとすると、われわれはさらなる振る舞いを、たとえば、食べかた、遊びかた、走りかた、飛びかた、などの類型を予見する（83節 (a)）。

こうして、知覚や経験をプロセスとして考えれば、「未知性」はいつでも同時に「既知性」を含んでいるということになる。経験によって対象の解明を行うということは、予見としての地平的な志向を充実し、現実化しようとすることである。そこでは一定の経験による手続きを経て、或る「未知」の規定から、それに対応する特定の規定が生まれ、その規定が以後「既知」のものとなるのである。

　本項でみてきたことをまとめれば、次のようになろう。対象は何らかの「類型」や「規定」によって「既知」のものとして現れるが、それは、「未知」の部分も含み、それが「地平」をなしつつ、さらなる経験の予見を導くはたらきをする、ということである。

2　連　合

　以上のような、感覚野における「類縁性」や「異他性」、また、知覚野における対象の「類型」的知覚は、現在の知覚野に属するものどうしの間に成り立つ「現実的関係」ないし「現前的関係」であり、たとえば、「ここの家」と「あそこの家」という具合に場所的には異なっていても、諸対象は、同時的・現在的であった。

　だが、そのほかに、「現実性の関連ではない、類似性と同等性の関連」も

存在する（43節 (a)）。その場合、「関係は内容のみにもとづく関係」であって、「犬」や「家」のように、「その統一形式はもっぱら本質内容による」のであり、対象は、知覚されたものでも想起されたものでも、また、期待されたものでも空想されたものでもありうる。例えば、「家」という内容であれば、現在知覚されている家もあるし、過去のものとして想起される家もあり、さらには、将来の家や空想された家でもありうる。

このように、現在にかぎらず、さまざまな時間的関係や様相的関係にわたって関連性や差異を成立させている意識の働きをフッサールは「連合」[12]のはたらきと呼んでいる。そして、一般に「連合」とは、「何かが何かを思い出させる」あるいは「あるものが他のものを指示する」といった「純粋に内在的なつながり」であって、物理的関係のようなものでないと説明されている（16節）。

では、以上の「前述定的経験」において、「意味」ということはどのように考えられるのであろうか。これについては、対象を把握する際の「類型」や「既知性」との関連で、次のように、「意味」という言葉が使われているのに注目しよう。

　　個別的統覚によって意識されるのは個別的実在物ではあるけれども、それには、いまだ主題となってはいないがこの統覚を越え、個別的に統覚された［意味の］保有全体を越えた意味の保有が必ずともなっている。（……）そこで、個別的統覚、およびその都度個別的に統覚される全体には、つねに意味の超越という事態がつきまとっている。

既知の対象を「類型」的に把握することは、意味的に把握することにほかならないが、さらに、これからの経験の「予見」という形で「意味の超越」が見出されるというのである。本章第1節でみたように、対象の把握に関して「意味」という概念が使われたのは、フッサールの思想の初期からのことであるが、ここではとくに、現在の知覚野に属さないものにも適用される「類型」や「既知性」や「連合」との関連で「意味」の概念が使われていることに注目したい。それは「差異と関連性」に関わることなのである。

3　メルロ=ポンティによる知覚野の記述

　メルロ=ポンティも『見えるものと見えないもの』のなかで、フッサールの理解と共通性をもつ知覚野の記述を行っている。メルロ=ポンティの絵画論とも関連するので、ここで紹介しておこう[13]。

　まず、一つの「赤」といえどもその周囲との関連において知覚されるということが述べられている。

　　　この赤は、その位置から、その周りにあってその赤と布置をなしているさまざまな他の赤と結びつくことによってのみ、あるいは、その赤に支配されたり支配したり、その赤に引きつけられたりそれを引きつけたり、さらにはその赤に反発されたりそれを反発したりする他のさまざまな色と結びつくことによってのみ、その赤なのである。

　次に、赤い物の素材も考慮に入れるならば、さらにさまざまな潜在的な関係が存在することが述べられている。

　　　……まして、赤い服ともなれば、それはその全繊維によって見えるものの生地に結びつき、またそれを通して、見えない存在の布地に結びついているのである。屋根瓦や踏切番や革命の赤旗、エクスとかマダガスカル付近のどこかの地層を含む、赤い物たちの領野における句読点[区切り]は、婦人たちのドレスばかりか、教授や司教や検事のガウンを含む赤い服たちの領野、さらには、アクセサリーやユニフォームの領野の句読点でもあるのだ。そして、その服の赤は、厳密には、それがどんな布置に出現するのかによって同じではないし、その赤に沈殿しているものが一九一七年の精髄であるのか、それともフランス革命時の訴追官、あるいは二五年前にシャンゼリゼのビアホール前に陣取っていた、軽騎兵の服装をしたジプシーたちの精髄なのかによっても同じではない。

ここでは、彼は、赤の色や赤い服などが、可能性や潜在性を含む世界の或る種の「差異」や「関連性」において現れるのだということを述べている。こう

して、われわれは、メルロ＝ポンティの叙述にも、フッサールが「連合」と表現した関連性を認めることができる。

なお、メルロ＝ポンティが知覚領域に「意味」が存すると考えていることは、『知覚の現象学』の「諸論」でも確認されることであり[14]、そこでは、或る背景（地）における「白いしみ」の現出が「意味」をもつものを捉えられている。

こうして、フッサールにおいてもメルロ＝ポンティにおいても、「意味」という概念は「他のものとの関連性や差異における対象の現出」に関して使われていると考えてよいであろう。実際、われわれにとって、記憶なども含めて何の差異も関連も認められない知覚野においては、何かが現出するということはないであろう。そこで、われわれも、フッサールとメルロ＝ポンティに従って、「前述定的経験」の場における、「差異や関連性のなかでの対象や性質の現出」に関して「意味」という概念を使うこととしよう。

以下で、「前述定的経験」における「意味」をも「意味の層」と表現するが、これは、「言語的な意味」と対比するためであり、それを実体的に解する意図はない。

4 二つの意味の層

このように、フッサールの叙述に従えば、「経験」における意味と「判断（命題）」における意味という二つの「意味」の層が考えられることになる。一方は経験における「類型」や経験を通して獲得される「意味」であり、他方は、名辞や命題の形で表現される「意味」である。

さて、前章でみたように、ソシュールは、さまざまな語の間に「連合」の関係が成り立つとのべていた。ソシュールにおいて、「連合」は言語体系を成り立たせる「差異と関連性」の関係であった。他方、フッサールの「連合関係」は、知覚内部や想起などから成り立つ言語以前の「前述定的経験」の構造をなす関係であった。

ここで両者を較べてみると、いずれも「連合」によって成り立つとされていること、また、ソシュールの「連合」関係は、「文」の形で表現される「連辞」と対比される潜在的関係であり、フッサールの「連合関係」も現前的関係に限られないという意味で潜在的な関係である。

そこで、われわれは、一般に、両者の考える「連合」による関係を、一方は言語的な発言や語彙の関係である「言語的関係」、他方は、経験における「前言語的関係」として理解し、両者の関連を考察することができるのではあるまいか。

だが、この点で、言語学やソシュールの思想に慣れ親しんだ人からはつぎのような疑問が提示されるかもしれない。ソシュールの「連辞」関係と「連合」関係はあくまでも言語に内的な関係であり、言語から独立した対象や物の関係とは違うのであり、それゆえ、フッサールのいう経験の類型や連合とは違う、と。

だが、まず、「言語体系」にとって、言語を構成する「語」を経験に適用することが重要であるということを考慮すべきであろう。

或る時点における「言語における差異と関連性」ということは、たとえば、或る時の国語辞典に記載されている語彙の集合というようなものによってある程度思い浮かべることができるかもしれないが、それらの語彙は実際に経験の中で出会われる物事に適用されなければ、その中に記載されている価値はないであろう。実際、適用されなくなった語彙が改訂にあたって辞書から削除されるということは十分にありうるのである。

経験における世界の分節化は、それだけでは、曖昧であり、流動的であり、一貫性や持続性をもたないと言えるであろう。しかし、これまでみてきたように、経験によって出会われる物事も、何らかの程度において分節化され「意味」を持つものとして現れるのであり、フッサールやメルロ＝ポンティの叙述で表現されていたような「差異と関連性」は経験においても見られるように思われる。それがなければ、「言語体系における差異と関連性からなる意味」を経験や事物に適用することも、その手がかりを持ちえないと思われるのである。

5　二つの層の関連

こうして、「前述定的経験」における意味と「言語体系」における意味という二つの「意味」の層を認めることになるけれども、われわれは、それらを相互に無関係に置かれていると考えるのでもないし、一方の「意味」に他方

の「意味」が単純に写されると考えるのでもない。というのも、われわれの日常生活においては、両方の層は混在し、その中ではじめて、経験への「語」の適用も行われると思われるからである。

　ある時点ですでに完成し変化を受け入れない共時的な言語体系、また、すでに成人した者が習得し身につけていて変化の余地のない言語体系といった（メルロ＝ポンティの言う）「理想言語」を想定するのではなく、実際に学ばれ、言語活動において経験に適用され、また、通時的な変遷を蒙る言語体系を考えるならば、二つの意味の層を認め、両者の関連を考えることは生産的だと思われる。

　第2章第2節での言語の教示や変遷の考察と重なるが、両者の関連の例を幾つか考えてみよう。なお、ここでは簡略化して、二つの意味の層は、「言語」と「経験」の層と呼ぶことにしたい。まず、「言語の層」が「経験の層」に影響を及ぼす場合と、逆の場合を分けて考えてみよう。

　「語の間の差異と関連性」から成り立っている「言語体系」を子どもに習得させることは、（たとえば「木」や「桜」や「梅」といった）言語体系内部の「語」を、「前言語的な連合関係」において現れて経験される対象や性質（しかじかの類似性や差異をもって現れている木や桜や梅）に、適用して、子どもにその言語体系を習得させることである。その場合には、「桜」と「梅」の違いや、「桜」と「梅」の両方が「木」という区分に含まれることなどを教えなければならないが、それは、子どもからみれば、「言語体系」に従って自分の経験を整理したり、今までとは違った整理をしたりすることであろう。もちろん、その中で、指導や訂正もありうる。しかも、こうしたことは、幼児の言語習得に限られない。成人が、専門家から樹木や動物の分類の教示を受けるという場合にも同じことが行われるであろう。

　もう一つの例は、言語体系のなかで、新しい言い方や定義のようなものが作られる場合である。たとえば、「ちょうどよい時」を「潮時」といったり、「文章がうまい」ことを「筆が立つ」と言ったりするような場合である。これも、こういった表現が「経験」の場で適用されていけば、広く一般化されうるのである。

　では逆に、「経験の層」が「言語の層」に影響を及ぼす場合はどうであろうか。

第3章 現象学の諸問題 89

　或る人物が、「前言語的経験」において新しい料理の仕方を試み、それに「ス
キヤキ」という名前をつけたとしよう。そうするとその名称は、「肉料理の
一つ」として「言語体系」の中に位置づけられ、その言語共同体のなかで定着
し、以前の言語体系を変化させることになるかもしれない。

　また、水を溜めておく池を作り、それを「溜め池」と名づけるような場合
も、「経験」における新しい区分が「言語」に影響を与える一例となるであろう。
だが、すでに定着しているその言い方を他人に教える場合には、「言語」を「経
験」に適用する例となる。

　第2章でソシュールの説を紹介した際に述べておいた、概念の「内包」と
しての意味とその「外延」について、「言語」と「経験」における意味の関連と
いう観点から、振り返っておこう。「外延」とは、ある概念が適用される物
事の集合であり、「内包」は、そうした事物に共通のメルクマール（特徴）ない
し概念の内容であった。そこで、言語内部での変化は「内包」の面での変化
と考えられ、「経験」において生じる新たな区分などは「外延」の面での変化
というように整理することができるであろう。

　さて、以上では二つの場合に分けてみてきたが、実際には、今まで表現さ
れていなかった経験や感情に対する新しい表現を模索するといった、「言語
の層」と「経験の層」の緊張関係のなかで新しい表現が形成されることも多く、
このような以上の分類の一方だけにおさまらない事例も多いであろう。いず
れにせよ、二つの意味の層は緊密に関連し合うであろう。

　以上のように考えてみると、「言語的差異および関連性」を「経験」と無
関係なものと捉える必要はないし、逆に、「言語的差異及び関連性」を一方
的に「経験的関連および差異」に由来するものと捉える必要もないであろう。
むしろ、両者は違うレベルのものではあるが、互いに関連し合うと考えるほ
うが、実状に合っているように思われる[15]。

　つぎに、フッサールの言う「本質看取」という「概念」の獲得方法をみるこ
とによって、二つの「意味」の間の関連の考察を続けよう。

6　本質看取

　フッサールは、プラトンの「イデア」やアリストテレスの「形相」の「実体的」

な存在は認めなかったが、そうした事柄の「理解」がなされることは積極的に認め、その「理解」を「本質看取」と呼んだ。これは先にみた「類型」を顕在化ないし正確化する方法とも考えられるので[16]、ここで検討しておこう。

フッサールは、さまざまな事柄の「本質概念」を獲得する方法を「本質看取」[17]と呼び、次のように三つの過程を通して遂行されるものと説明している (87節)。

1) たとえば、「家」や「三角形」の本質を捉えようとするような場合、経験ないし想像された或る対象[家や三角形]を「見本」ないし「原像」として、その概念の下に属しうる対象を自由に想像するという変更（変様）を行う。

2) その想像的変更によって、想像されたものの間の「差異」とともに、それらに不可欠の「不変な事柄」がさまざまな例を一貫するものとして明らかになる。また、「家」や「三角形」として想像できる範囲 (限界) が明らかになる。

3) その限界を設定する必然的な不変項を「本質」として、対象にする。

フッサールはそれぞれの段階をさらに次のように簡潔にまとめている。

1′ 想像的変更による事例ないし変項の多様性を産み出しながら経巡る過程。

2′ 持続的な重なり合いのなかで、それらを統一的に結びつける過程。

3′ 異なる点と対比して、一致するものを取り出して能動的に同定する過程。

こうした「本質看取」の作業を全体としてみると、それは、ある種の物事の代理となる特殊な像を形成するということではなく、物事の諸契機や構造の確定、他の物事との差異の確定、あるいは、諸事象の分類の確定を行う過程を示していると考えられる。

上の例であれば、「家」として不可欠なことは何であるか、「三角形」として不可欠なことは何であるかを明らかにするということである。その場合、「家」と「駅」や「アパート」の違いが問題になったり、「三角形」と「四角形」の違いが問題になったりすることがありうるのである。

また、「音」の本質を確定しようとする場合には、「高さ」・「音色」・「強度」という構造をそなえた「音」の本質ないし構造を明らかにすることが、（日常経験される）「物」の場合には、「色」・「大きさ」・「形態」をそなえた「物」の現象的構造を明らかにすることが行われる。

この「本質看取」の手続きについて、さらに注意すべき点を挙げておこう。

第3章　現象学の諸問題　91

　第一に、「一般的なもの」だけを切り離して捉えるのではなく、「さまざまな変項である多」のうちに「不変な一つのこと」を捉えるのだということである。つまり、「不変的なこと」のみを捉えるのではなく、たとえば、さまざまに変化させながら、音の構造、物の構造を捉えるのである。「三角形」の場合であれば、この「不変的な一つのこと」は、色や大きさは任意であるが「三辺をもつ」といったことでありうる。

　第二に、「三角形」であれば「三角形」と「四角形」の差異、「音」の「高さ」と「音色」と「長さ」といった諸契機の違いというような「差異」が考慮されていることである。

　第三に、こうした作業が可能になるのは、「前述定的経験」において、事物が「類型」的に現れている必要があるということである。それがなければ、自由な変更においてある事柄を「原像」として想像的に変更することもできないであろう。「本質看取」の結果は、「前述定的経験」の「類型」のままではなく、修正や明確化が施されたり、より細かい分類がなされたりすることもあるであろうが、最初に何らかの「類型」がなければ、「自由な変更」も可能ではないであろう。とくにこの点のゆえに、「本質看取」の作業は、諸事物や諸性質の「類型」的ないし「連合」的関係を顕在化させることと考えられるのである。

　第四に、フッサールが明白に述べているわけではないが、「本質看取」に際して、たとえば「音」の場合であれば、「高さ」、「音色」、「強さ」といった言語的に表現されている差異を利用することもありうるということである。重要なのは、言語的表現を使うかどうかということではなく、それらの構造が「経験」や「想像的変更」によって確かめられる、ということなのである。

　最後に、「家」の本質や「動植物」の分類の把握のような場合によく起こるように、必ずしも、誰にでも何時でも共通に認められる「本質」が一度で間違いなく捉えられるとは限らないし、のちほど訂正が行われる場合もありうるということである[18]。重要なのは、訂正が起こりうるかどうかに関わらず、われわれが「本質」を捉えようとすれば、上にみたような手続きを遂行せざるをえない、ということである。

　以上の点に注意するなら、「本質看取」も「前言語的意味」と「言語的意味」

を関連づけ、調整する作業の一形態とみなすことができるであろう。「家」のような場合には、すでに言語的に表現されている概念を、「前述定的経験」や「想像」のはたらきよって確定する作業と考えられるであろう。その際、知覚や想像にもとづいて、たとえば「一軒家」と「集合住宅」といったかたちで「家」の種類をより明確に、あるいは、より詳しく区分するということも考えられる。

ところで、第1章第6節でみたように、カントは、感性と悟性を媒介する「図式」を、「或る事柄を描いたり想像したり方法」と規定していた。このカントの「図式」の規定とフッサールの「本質看取」の特徴を比較しておこう。カントの「図式」も、われわれの観点からみると、「言語表現」と「経験」を関連づける試みと考えられるからである。

第一に、両者とも「想像」を手段ないし方法とみなしているという共通の特徴がある。

第二に、カントの言う「或る事柄を描いたり想像したりする方法」とは、その事柄にとって（フッサールの言う）「本質的で不可欠なこと」を含んでいなければならないという親近性がある。それなしでは、ある事柄の想像とそれとは別の事柄の想像を区別することもできないのである。

第三に、カントの場合には、（「犬」と「猫」、「三角形」と「四角形」といった）概念間の「差異と関連性」ということが明言されてはいないように思われる。それに対して、フッサールの場合、「連合」という概念の広さに相応して、「差異と関連性」が顧慮されていると思われる。

以上より、カントの「図式」の作成も、少なくともここで問題にしているような経験的概念の「図式」の場合には、フッサールの「本質看取」の操作と重なるものと思われる。

より詳細な対比を行う余裕はないが、両者とも「概念」と「知覚」を関連づけるものとして「想像」に言及し、しかも、特定の「像」に限定されない操作を不可欠なものと認めていることは注目に値する。

本節でみてきたことを模式的に図示すれば、以下のようになるであろう。網の目は、「差異と関連性」からなるシステムを表している。

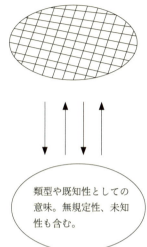

言語システムと世界の分節化の模式図

7　命題の意味の同一性について

「言語的意味」と「前言語的意味」についての考察を終えたところで、フッサールが『論理学研究』で主張していた、「命題の意味のイデア性」ないし「同一性」について、見直しておくことにしよう。

この点について、彼は『形式的論理学と超越論的論理学』や『経験と判断』などでも考察している。

「命題の意味の同一性」の同一性とは時間の経過にも関わらず「不変である」ということであるから「超時間性 (Überzeitlichkeit)」とも表現されるが、これらの著作では、それは、時間と無関係に（時間を超えて）不変だという意味ではなく、時間を通して不変的であるという意味で、「全時間性 (Allzeitlichkeit)」と解されている。

また、『形式的論理学と超越論的論理学』において、「命題の意味の同一性」は、端的に成り立つ事柄ではなくて、「論理学」の「根本諸前提」の一つとみなされており、その同一性は、経験の中で確証されるのではなく、「論理学」一般の「理念」として機能するものであると理解されている。

フッサールはさらに、この「根本前提」が維持される理由を考察している。それによれば、「この色と1を加えれば3になる」といった文は、「矛盾している」とか「矛盾していない」とかいう以前に「無意味」であり、「思考的に遂行」することはできないが、他方、たとえば「この家の色は白である」といった文は、上のように「無意味」でない限りにおいて、「有意味」な文として理解可能である。つまりそれが「有意味」であるのは、「判断の統一の中に登場してくる統辞論的素材がなんらか互いに関係し合っている」[19]からである。このようにして、「素材の相互関係」によって文が「有意味」である限りで、それが表す命題は「同一の意味をもつ」というわけである。その場合、「素材の相互関係」とは、ソシュールにならっていえば、「差異と関連性」からなる「言語体系」における語の相互関係ということになるであろう。

だがさらに、フッサールは、『形式論理学と超越論的論理学』においては、「素材の相互関係」の基盤を経験に求めている。

> あらゆる根源的判断は……その内容の中に連関性をもっているが、それは、その地盤の上に判断が立っているところの経験の総合的統一における事象の連関による連関性なのである。

ここでの「経験の総合的統一」とは、経験が分節を含んでいることを意味するが、分節を含んだ総合は、「述定的判断」にのみ属するのではなく、むしろ、判断における総合は、より根源的な「前述定的経験」における総合にその根をもっているというのである。つまり、言語の分節が「前述定的経験」における分節に対応している限りで命題も有意味であることになり、「命題の意味の同一性」は、以上のような条件が成り立つ限りで成立する「根本前提」であるということができるであろう。

そこで、この点について、われわれがみてきたソシュールの思想を勘案すれば、つぎのように考えることができるであろう。

第一に、「言語記号」とりわけ「シニフィアン」を具えた（「差異」と「関連性」からなる）「記号体系」が存在することが「命題の意味の同一性」には必要であるということである。

第二に、その「記号体系」が、経験に適用可能であるということである。

以上の点が満たされれば、先の「根本前提」が成り立つといえるであろう。だが、逆に言えば、それは、これらが満たされなければ、「意味の同一性」が成り立つ保証はないということを意味する。そこで、或る命題のごときものをとった場合、それが依拠している「言語体系」に対するコミュニケーション手段や、記録解読の手段が存在すれば別であるが、そうでない場合には、「根本前提」も成り立たない可能性があるということになるのである。

結局、「意味の同一性」という「根本前提」は「或る言語体系」——それは、経験にも適合するものであるが——と相対的に成り立つものであって、絶対的に主張される事柄ではないと考えられるのである。フッサールの考えを以上のように解することができるであろう。

第3節　身体の現れ方と身体の志向性[20]

メルロ＝ポンティは『眼と精神』の中で、「画家は『その身体を携えている』とヴァレリが言っている。実際のところ、精神が絵を描くなどということは、考えられないことだ」[21]と書いている。自分のまわりの世界や世界の物事に働きかけたり、それらから働きを受けたりする際に、不可欠なのは身体とその動きである。それは知覚においても、行動においても、また絵画制作においても重要な役割を果たしている。

そこで、メルロ＝ポンティも参照していたフッサールの〈身体についての現象学的分析〉をみておこう。

最初に、「身体」がわれわれにとってどのようなものであるかを考えてみよう。そのために、「自分の身体が在るということがどのようしてわかるのか」、と自問してみるのもよいだろう。

1　主体的身体

まず、自己の身体と「ほかの物体」との違いとして考えられる特徴は、自己の身体には「感覚がある」ということであろう。圧しても接触しても何も感じられなければ、それは自分の身体とは認め難いからである。

第二に、自由に「動かす」ことができるという特徴がある。たとえば、腕や手や足を動かすといったことであり、自由に動かすことができないとすれば、自分の身体とは言い難いであろう。

以上の特徴をまとめ、「自分で感じ、自由に動かすことができるものとしての身体」を「主体的身体」と呼ぼう。この身体をイメージしにくい場合には、目を閉じた時に感じる身体がほぼそれにあたると考えてよいであろう。

さて、この「主体的身体」に感覚があり、運動の自由があるとはいえ、その身体は目で見られ、対象となっていない限りでは、形や身体各部分の距離や位置、輪郭は明確でないだろう。けれども、手を伸ばす、ある程度の距離を歩くなど、この身体とともに、それなりに的確な行動はできる。

このように、直接「私」に感じられ、また、動かすことができる限りにおいて、「私」とこの身体は一体であり、この身体は触り、感じ、動かす「私」であると言ってもよいような在り方をしている。

また、この身体は、私がパースペクティブ(展望)を通して周りのものを見る際に、空間の原点、つまり、「ここ」の位置を占めている。

このような特徴をそなえた「主体的身体」がなければ、われわれにとって「身体」というものは存在しないことであろう。

2 客体的身体

つぎに、私の触覚や視覚の対象(触れられるもの、見られるもの)としての身体を「自己の身体」とみなすことがある。それを、「客体的身体」と呼ぼう。たとえば、自分の見られた手、触れられた手などである。

この意味での身体は知覚されたものとして、さまざまな物と同様に、明確な形をもつことによって外面性を具え、そのゆえに、「私の身体」と「ほかの物体」を外的に区別することも容易にできる。だが、「私の身体」がそれとして「ほかの物体」と区別されるのは、それが「主体的身体」ともなりうるからであって、もしそうでなければ、「ほかの物体」との区別はつかないであろう。

では、以上の二つの身体はどのように関係しているのだろうか。

3 主体的身体と客体的身体の統合

二つの身体の関係の仕方をみてみよう。

（a）一つは「感覚」という観点からの関連である。或る感覚（痛みなど）が「主体的身体」において感じられるが、その感覚が「客体的身体」の特定の場所（手の甲など）に位置づけられる、ということがある。「客体的身体」としての手の或る場所に感じられる熱さや痛みなどがそれにあたる。

（b）身体の「役割」という点から見ると、たとえば両手が、（感覚をもち動かせる）「触れる身体」と（対象となる）「触れられる身体」、つまり、「主体的身体」と「客体的身体」の役割を交代するということがある。このことは、両手だけでなく、手と足においても起こるし、「視覚」と「触感覚」という異なる知覚様相の間でも起こる。ただし、眼で手足を見るということはあるが、手や足で眼を見るということはない。しかし、手で眼に触れることはできる。眼は「見る」ことはあっても通常は「見られる」ことはないが、鏡などを使えば「見られる」こともありうる。

こうして、それぞれ特性はあるが、身体の各部は役割の交代によって、全体として「自己の身体」として捉えられることになる。

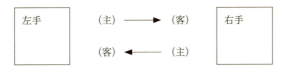

両手の役割の交代の模式図

（c）「志向」（「意図」ないし「意志」といってもよい）と「実現」という観点から見ると、〈身体を動かそうとすること〉と〈実際の身体の動き〉が合致するということがある。

たとえば、「主体的身体」として手をあげようとすると、実際に「客体的身体」（見られる身体）の出来事として手が動くという場合であるが、さらに、黒板に文字をかくこと、自転車や自動車の運転などもこうした対応を前提としている。黒板上に書かれた文字は、自分の手（客体的身体）の動きの跡を示す

のである。
　的確な行動ができるときには、身体やこうした合致はほとんど意識されていないが、実際には、手足の動き、眼球の動きなどが起こっているのである。

　以上、三点にわたって、身体の統合がありうる場合をみてきたが、さまざまな事情で、成功しない場合もある。感覚機能や運動機能の不調や障害などによって、統合が成功しない場合もある。

4　身体の志向性（知覚の場合）

　前項の(c)の事例を見直すと、このような統合は自己の身体に属する出来事であるとともに、身体の外の物への関わり（志向性）であることに気づかれるであろう。
　たとえば、飛んでいる蝶を目や身体で追うということを考えてみると、追いかけようと思うとともに眼の動きや、両眼の角度の調整や首の動き、上半身や足の動きは半ば意識されないままに起こるが、うまくいっているときには、適切な身体運動が実際に遂行される。その結果、「客体的身体」として、身体運動がおこなわれ、われわれは蝶の姿を目で捉えることができるのである。次の図はそれを表したものである。

　このように、自分の身体の外側に存在する「蝶」に関わることが、同時に「自分の身体」に関わることでもある。これは矛盾することではない。ボールを投げること、ノートに字を書くことなどもそのような仕組みによって可能になるのである。一般に、身体的行為として世界の中の物に関わることは同時に「自分の身体」に関わることでもある。

第3章　現象学の諸問題　99

　以上の、身体に関する事柄は、「他者」やその行動の理解とも関わる事柄である。つぎに、その「他者」に関わる事柄をみていこう。

第4節　間主観性と他者理解の問題

1　他者の存在の問題

　「どのようにして他人が存在することがわかるのか」という問いがある。デカルトの考えたように意識があることにより自分の存在は疑いえないと考えられるかもしれないが、「他人」が存在することはどのようにしてわかるのかという問いである。

　第1章第3節でみたように、デカルトの哲学体系の出発点をなすのは、「私は思惟する、故に、私は存在する」という考えであった。その、デカルトの叙述のなかには、次の言葉がみられる。

　　たまたま私は今、通りを行く人々を窓ごしにながめる。そして、……習慣によって人間そのものを見るという。しかし私が見るのは、帽子と衣服だけではないか。その下には自動機械が隠れているかもしれないではないか。けれども私は、それは人間であると判断している（『省察』二より）。

　この考え方をさらに推し進めるならば、帽子と衣服だけでなく、直接顔や身体を見る場合にも、「人間」だと思って見ていたものが「自動機械」であるという疑いを拭い去ることはできないということになるであろう。とくに現代では、そうした可能性は現実味を帯びてきたと言えるかもしれない。

　だが、たしかに通常の状況下では、他人の考えや心の状態を直接自分で経験するということはできないので、この意味で他人の存在の証明をすることは不可能であろうが、われわれが日常生活のなかで何の苦もなく他人の存在を認めているのも確かなことである。では、疑いの可能性が残っているとしても、われわれは日常生活において、どのようにして他人の存在を認めているのであろうか。このことは考えてみるに値することであろう。フッサールが他人に関して問題にしたのは、まさしくこのことであった。

ところで、この問題は、フッサールによれば、「他人」をどう考えるかに関わるだけでなく、さらに、「私」の「世界」への関わり方にも影響する。そこで、フッサールの「間主観的世界」への言及からみていこう。なお、その際の「間」とは、もろもろの主観の「間」に了解が成り立っているということを意味する。

2　フッサールと「間主観的世界」の意味 [22]

　本章第1節でみたように、フッサールは、「何らかの対象に向かう」という意識の特質を意識の「志向性」と呼んだ。私たちはただ存在しているだけでなく、何らかの対象を見たり聞いたり理解したり、何らかの対象に対して行動したりしながら生きているのであり、彼はそのことを総称して「志向性」と呼び、そのような特質をもつ「意識」へのさまざまなものの与えられ方（現象）を研究することを、「現象学」と名づけたのであった。

　本章第3節でみたように、知覚において、身体とその運動が重要な役割を果たしていることに注意したい。手の動かし方（動きの速度、圧し方、握り方）、眼の動かし方（ゆっくり見る、輪郭にそって見る）に応じて対象はさまざまな姿で現れる。また、前節でみたように、私は、身体でさまざまな物を触れたり見たりするが、その身体に触ったりそれを見たりすることもできる。すなわち、自己の身体は、「主体的身体」であるとともに「客体的身体」として世界の中の対象でもある。このようにして自己の身体は、世界と自己とをつなぐものだと言えるであろう。

　日常のわれわれの理解では、世界の中にはまた、他の人もいる。それに応じて、私の世界はまた他の人の世界でもある。このように理解されている世界を、フッサールは、「間主観的世界」と呼ぶ。より具体的に言えば、私が見ているのと同じ世界を他の人も見ているはずだ、私が指さしている物を他人も「私が指さしているもの」として理解しているはずだ、と私は考える。また、そうした了解のもとに、会話において、世界の同じ物事についての話しを互いに理解していると思う。そのように理解された世界が、「間主観的世界」である。お互いが同じ世界を経験している、と考えられている。

　そのように理解された「他人」を、「私の」ではなく「他の」「我」という意味で、

フッサールは「他我」と呼ぶ。この言い方には、「他人」も、単なる対象ではなく、私と同様に世界に対する「主体」であり「我」であるという意味が込められている。

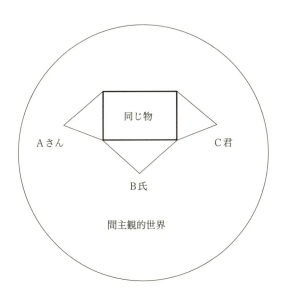

「間主観的世界」の模式図：世界の輪郭が見える訳ではないが便宜的に描いた。また、「同じ物」ということは他の物に対しても成り立つ。

　では、日常生活で暗黙のうちに理解されている「間主観的世界」が成立するもととなっている「他我」は「私」にとってどのように存在しているのか。それが問題である。

3　自己投入による他我の理解[23]

　そのことを反省的に考察した結果、フッサールはそうした理解においては、「私は他人の中に自己を投入している」のだと言う。すなわち、自己と他者は違うが、他者の身体をあたかも自分の身体であるかのように捉え

るということである。換言すれば、あたかも自分がその他者の身体の所にいるかのような具合にその身体を理解しているのだというのである。

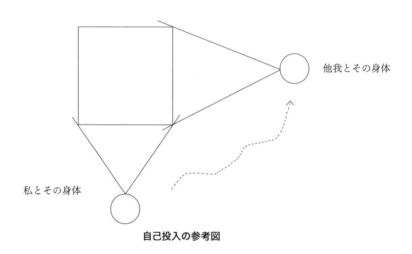

自己投入の参考図

　ここで重要なのは、実際に私が他者のところにいるというのではなくて——それは現実には不可能なことである——、非現実的にではあるが、「私があたかもそこにいるかのように」、その身体、動作、表情を理解しているということである。つまり、それを、先にみた自己の身体と同じようなものとして、何らかの対象に向かう「志向性」をもつものとして理解しているということである。上の図で言えば、「物を見ている身体」として理解しているということである。
　この点をさらにメルロ＝ポンティに従ってみてみよう。

4　他者の行動の理解（メルロ＝ポンティによる説明）

（a）世界に対する態度

　他者の理解の問題について、メルロ＝ポンティがまず強調するのは、「私の意識はまず世界に向かい、物に向かっており、それは〈世界に対する態度〉である、ということである」[24]。
　たしかに、「自分が今いかなることを意識しているのか」といった反省の

態度にある時には、自分の心理作用は、「きっちり自己自身に閉じこもって、『他人』は一切入り込めないといった一連の『意識の諸状態』」であるように思われるけれども、庭にある樹木や遠くの山を見たり、投げられたボールを受け取ろうとしたりしているような場合には、私の注意は自分にではなく樹木や山やボールのほうに向かっている、というのが実状であろう。

メルロ＝ポンティは、〈他人の意識〉すなわち〈他人が持っていると解される意識〉もまた、「世界に対する一つの行動の仕方」である、と言う。つまり、私は他者の行動を或る対象や目的をもった行動として理解しているというのである。彼は次の例をあげている。

たとえば他人が絵を描いているのを見る場合、私は絵を描くことを一つの行為として理解することができるが、それというのも、絵を描いている動作がそのまま私自身の運動性に訴えかけてくるからである。

別の例をあげれば、ボールを受け取ろうとしている人を見る場合、自分の意識や動作を思うよりもまず、野球選手の動作が、自分の「運動性［運動的意識］に訴えかけてくる」ということになろう。

（b）直接的理解

こうしたメルロ＝ポンティの考えによれば、私の意識も他人の意識も、絶対に当人にしか近づきえない実体としての「心」といったものではなくなる。たとえば、私が他人の笑顔をみるとき、私は他の人の笑顔の「表情」を見、自分の喜びの「感情」と「表情」の関連に基づいて、その表情から他の人の「感情」を類推しているのではない。私は笑顔の中に他の人の喜びを直接読み取るのである。また、幼児は、自分の笑顔という表情を見たことがなくとも、母親の笑顔を理解するのである。表情だけでなく、他人の動作の理解についての同様のことが成り立ち、私は、他人の行動の目標や意味を、類推なしに、直接理解するのである。

もちろん、この「直接的理解」にあたって他人の志向を誤解する可能性もあるけれども、そうしたことがありうることの前提としても、他人の理解の

根底にはこの種の理解が存するというのが、メルロ＝ポンティの考えである。

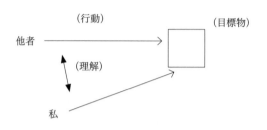

「行動の理解」の参考図

（ｃ）有意味性と志向性

　以上のことを「目的」という言葉を使って言えば、動作、振る舞い、表情が、何かに、あるいは、何かの「目的」に向かっているということ、このことが認められるならば、そこに私は「他人」を認めるということである。すなわち、花や蝶を見たり、ボールを取ろうとしたり、物を持ち上げようとしたり、誰かにほほえんでいたり、挨拶や言葉をかけているといったことを理解するときに、私はそこに「他人」が存在すると認めるということである。
　その場合、こうした動作や表情は単なる物理的運動ではなく、「有意味」なものと理解されていると言ってよいであろう。それらは、世界の内での何らかのものに向かい、何らかの「意味」をもつ行動である。われわれは、それらの行為や表情をとおして、その身体の場所に世界の何らかのものに向かいながら生きている「他人」の存在とその「志向性」を認めるのである。
　こうした理解が相互的になされることによって、同じ木や花を見るわれわれ、同じテーブルに座るわれわれ、といった具合に、同じ世界において相互に行動を理解することとしての「間主観性」が成り立つのである。
　ただし、われわれの考察態度を明確にするためには、「間主観性」を前提としない自己反省の態度が可能であることを付け加えておかなければならないであろう。

さて、上のような相互理解によってはじめて、「前後」「左右」「上下」といった方向づけとその言葉、「私」「君」「彼」、「彼女」といった人称代名詞も理解され、学ばれるであろう。これらの語の学習にも使用にも、他人との「相互性」、つまり、「間主観性」が前提になっているからである。さらに、太陽、月、木の葉や花といった世界の中のものの名称を教える際にも、それを「見る」、「指さす」などという行為が前提となっている以上、こうした相互的な行為の理解が必要であろう。

　われわれは、このようにしてコミュニケーションの基盤を形成する間主観的理解の基本的部分をさらに、言語・認知科学者トマセロの例によってみておこう。

5　志向的な行動の理解
　トマセロは次のように述べている。

　　最近の研究により、大型類人猿は、どのようにして他者が志向的な知覚の主体として機能しているのかについて、かなりのことを理解していることが証明されている。具体的に言うと、大型類人猿は他者の目的と知覚についてかなり理解しており、個々の志向的行為においてこれらの目的や知覚がどのように一緒に機能するかについて、人間の幼児とよく似た方法で理解している [25]。

このように概括的に述べたあと、彼は、他者が目的をもっていることの理解の証拠としていくつかの事例をあげている。
　(1) 人間がチンパンジーに餌をやっている際に、人が大した理由もないのに餌をやらないとチンパンジーは欲求不満の様子をみせるが、人が餌をやろうと努力しているのにうまくいかない場合にはチンパンジーは忍耐強く待つ。
　(2) 人間や同種の個体が手の届かない所にある物や場所に触れようとするが助けが必要な場合、チンパンジーは、人間の乳幼児がやるのと似た方法で助けようとする。

いずれもチンパンジーは、人間や同種の個体が「目標の達成」を目指しているということを理解しているというわけである。
(3) 人間が仕切りの向こう側をじっと見ていると、類人猿もやはり仕切りの向こう側を見ようとして、よく見える場所まで移動する。

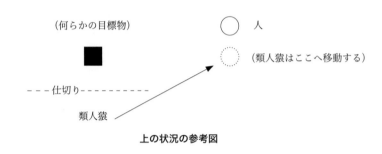

上の状況の参考図

(4) チンパンジーが互いに餌を求めて争うとき、チンパンジーは争っている餌が相手から見えるかどうかを考慮し、時には自分が餌に近づいていくことを競争相手から隠そうとする。

これらは、他者の「知覚」あるいはその「目標」をチンパンジーが理解していることを示すであろう。

以上の事例から、類人猿は他者の行動や知覚について、またその目標について、ある程度の理解をしているということがわかる。

トマセロによれば、このような理解に基づいて、類人猿は、柔軟で戦略的な社会的やり取りとコミュニケーションの根底にあるような実践的推論[行為に関する予測]を行うことができる。

人間の場合の言語記号を利用する言語的コミュニケーションやその前提としての言語の習得や教示も、発話の点でも聴取の点でも、意図の理解を前提とするであろう。その際、以上のような間主観性が前提になっていると思われる。

また、絵画に関しても、人間の行為や表情の理解が、暗黙のうちにおいて

であれ、描かれた人間を理解することの前提となっていることであろう[26]。

第5節　フッサールによる画像意識の解明

　本節では、「画像」を見る際の意識つまり「画像意識」についてのフッサールによる解明をみることにしよう。その「画像の在り方」の考察は、メルロ＝ポンティも参照したと思われる。

　一枚の肖像画を見る際、われわれはそれをいく通りかの仕方で捉えることができる。絵の具や紙を見たり、それを人の顔として捉えたり、その顔を特定の人物と捉えることもある。この最後の場合、われわれは画布上の線や色の集まりを人の顔の「像」、例えば夏目漱石の「像」であると理解することもある。この理解は、人の姿を表す「像」が漱石の姿を表現する「媒体 Medium」となっているということの理解であると言えるであろう。つまり、それを、たんなる線や色の集まりではなく、「媒体」（媒介物）としての漱石の姿を見て取っているからである。しかもその際、線や色の集まりはそのようなものとしては「姿を消し」、いわば「透明になって」、漱石の「像」として現れるのである——これを「透過性」[27]と呼ぶこともできるであろう。

　けれども、画布上の「線や色の集まり」であるものが、ほかのものの「像」でもあるとはどのようなことか、それはどのようにして可能になるのか。「線や色の集まり」が「姿を消し」、ほかのものを表すこと、すなわち、「媒体」になるとはどのようなことなのか。

　フッサールは「現象学的方法」を構想した頃から、こうした、画像による表象についてのもっとも基本的で通常は通り過ぎてしまう問題に精力的に取り組み、1904/05 年に『想像と像意識』[28]という講義を行った。本節の内容はそれにもとづくものである。

1　画像意識の構造と問題

　「画像を見る」ということに関して、以下の三種の契機（構成要素）が区別されている。

　①像物体：彩色され、額縁に入った画布としての、あるいは、印刷された

紙、インクなどとしての像。「物的な像」とも呼ばれる。

②像客体：たとえば、子供を写した写真の場合であれば、現実の子供ではなく、「子供に全体として似てはいるが、現れている大きさや色などについては子供とは明瞭に異なる像」、あるいは、「薄暗い紫色の細密画としての子供の像」といった現れである。「代理表象する客体」とも呼ばれる。

③像主題：絵画や写真において主題となっているものとしての像であり、②の意味での像によって「代理表象された客体」である[29]。これは、上の例でいえば、現実の子供そのものである。

この三つ契機の区別には二つの関連しあった問題が指摘されるであろう。一つは、「像客体」はどのようにして、「像主題」という別のものを「代理表象する」のか、すなわち、「像客体」と「像主題」の関係はどのようであるかという問題である。

もう一つは、「像客体」の在り方の問題である。「像客体」については、「通常の意味で対象として存在する客体ではない」と言われ、さらに、「像表象」が成立しなければ、単に知覚される「感覚的な所与の複合」（像物体）が存在するのみであり、「像は本当は無である」(S.22) とさえも述べられている。

以上の問題をまとめれば、像客体の在り方とそれが像主題を代理するものとなるのはどのようにしてか、ということである。言いかえれば、像の「媒体性」ないし「透過性」の問題である。フッサールは、単に先の三つの契機を区別しただけでなく、現象学的分析を通してこれらの問題に答えようとしたのである。その解答はどうであろうか。

2 統握の複合による説明

まず、「像」による表象の「複合的構造」が指摘される。それは、感性的感覚の上に建てられた統握はたんなる知覚的統握［把握］ではなく、「類似による代理」、「像の中で見るという性格」という変化した性格を受け取る、ということである (S26)。それは、単なる「知覚的統握」ではなく、それが変化して「ほかのもの」（像主題）を代理する。そこで、その統握がほかの作用と「複合されている (kompliziert)」と言われる。

しかし注意すべきことは、これは、一冊ずつの本の統握が組み合わされて

「二冊の本」という新しい統握が成立するとか、色ガラスの知覚とボールの知覚が組み合わさって「色ガラスを通して見えるボール」という知覚になるといった複合ではないということである。

　また、内容の面で像客体と像主題の「類似」が指摘されていた。だが、たしかに類似性が必要だとは言えるであろうが、どのような類似性が必要かということについて客観的な基準を設定するなどということは困難であろう。例えば「兎」を表すためには、写真や絵画だけでなく、障子にうつる影や、月の模様も役立つかもしれないのである。

　また他方、仮にあらゆる観点からみた「完全な類似物」が存在するとすれば、それはもはや「像」とは呼べないであろうし、（例えば同種の二枚の葉のように）きわめて類似した二つの物があっても、必ずしも一方が他方の「像」であるとは限らない。つまり、なんらかの「類似性」は必要条件ではあっても、それだけで「像」が成立するとは言えないのである。

　こうして、「媒体」としての「像客体」のあり方と「像主題」への関連は、これだけでは解明されていないのである。では、それに加えて何が必要なのであろうか。

　ここで重要なのは、人形、写真、絵画などによる「像客体」は、現前していない人物をそこ（写真や絵画のある場所）にいるかのように表すという点で「虚構物 Fiktum」であり、この意味で「非現実的なもの」の表象だと言われていることである。

　このように、像客体の「非現実性」の現象が像客体の成立を基づけているとされている[30]。なお、この「非現実性」はのちに措定の「中立性」として理解されるようになる。

3　像客体と像主題の関連

　では以上から、「画像意識」における「像」のあり方全体、その「媒体性」、「透過性」はどのように理解されるのであろうか。

　『想像講義』では、一般に、「端的な表象」とそれに「基づく」「複合的表象」が区別されている。そのうち「端的な表象」は次の三種に区分[31]されている。

```
     ┌─ a 空虚な思念
─────┤   b 想像
     └─ c 知覚
```

　他方の「複合的表象」は、これらの表象が組み合わさって形成されること
になる。つまり、「像客体」は知覚（ｃ）によって与えられるけれども「非現実
的なもの」と捉えられ、「像主題」の方は、ｂ想像、ないし、ａ空虚な思念によっ
て与えられるということになる。

　たとえば、或る友人の写真を見て、彼の写真だと捉えることができるのは、
たとえかすかで不明瞭であろうともその友人のことを「像主題」として、考
えたり（ａ）、想像したりする（ｂ）ことができるからである。像客体と像主題
の「類似性」もこうした関係性の中で語られることになろう。このような「複
合」により、「知覚された物としての像物体」は変様して「像客体」という「媒体」
となり、それ自体はいわば「透明に」なり、像主題を指し示す（写像する）のだ
と考えられる。

　以上の解明の意義をまとめよう。

　第一に、「画像が媒体として働く」ということの要点が解明されたという
ことができる。つまり、「画像意識」においては、単に媒介物があるという
のではなく、それが「媒体」として意識されることによって媒体となるので
ある。そうでなければ、何らかの物理的媒介物があっても、そこに「像」の
現象があるとは言えないであろう。

　第二に、「画像を見る」ということには「非現実性」の契機がみられ、「像客
体」は「非現実的なもの」（虚構的なもの）と捉えられるということである。

　さて、以上のように、「画像」意識についてみてきたが、ここから解ることは、
絵画は通常の知覚されたものとは異なる「非現実性」ないし「虚構性」をもつ
ということである。

　このことは、絵画や写真などの画像を見ることについての分析としては、
あまりにも自明のことであると思われるかもしれない。しかし、あるものが
別のものの「像」であるとはどのようなことかを考えてみるならば、やはり
不可欠の前提である。われわれは、「像」ないし「像客体」を「非現実のもの」

第3章　現象学の諸問題　111

と捉え、それが、或るものと類似のものであると捉えることによってはじめて、或るものの「像」であるとみなすのである。もし、そうした「非現実性」を度外視するならば、それは知覚物の一つとなり、動物を描いた絵であれば、そのキャンバス上に動物が存在すると捉えることになるであろう。その場合、「錯覚」という現象はあるとしても、「像」の現象はないであろう。以上の点で、フッサールの「像」現象の解明は、比類のないものであろう。

　メルロ＝ポンティは、『眼と精神』の中で、ラスコーの洞窟の岩壁に描かれた動物たち（♯1[32]）について、「私はそれを、物をまなざすようにまなざすのではなく、それをその場所に繋ぎとめるのでもない……」と言っていた。こうした理解は、フッサールの指摘していた、描かれたものの「非現実性」と関連しているように思われる。この点は、メルロ＝ポンティの絵画の考察の一契機となっているであろう[33]。

注

1　フッサール（1859-1938）は、現在のチェコのプロスチェヨフ（当時はオーストリア・ハンガリー帝国領）に生まれ、ドイツやオーストリアで学び、ドイツの諸大学で活動した哲学者である。数学を専攻し、数学で学位を取得したあと、数学の基礎、論理学の基礎についての研究を経て、哲学的方法として「現象学」を確立した。その方法によりシェーラー、ハイデガー、サルトル、メルロ＝ポンティなど、多くの哲学者たちに影響を与えた。

2　これは、フレーゲの「意義 Sinn」と「意味 Bedeutung（指示対象）」の区別と同様である。フレーゲは、「明けの明星」と「宵の明星」という二つの意義はいずれも同一の対象（金星）を指示するという例を使っている（ただし、用語はフッサールと異なる）。フレーゲ「意義と意味について」を参照。

3　『論理学研究 2』、「第一研究」第一二節、邦訳 58 頁。

4　「想像」作用による「充実」も考慮されているが、ここでは省略する。

5　「表象」のままである場合もあるが、その基礎の上に、或る対象を欲する、願望する、意志する、判断する、未決定のままにするといった「作用性質」が加わることもある。

6　モハンティ『フッサールとフレーゲ』122 頁。

7　邦訳『シーニュ 1』75 頁、参照。「言語は……思惟の身体としてあらわれる。あるいはむしろ、言語なしには私的な現象にとどまってしまうであろう思惟が、間主観的価値を獲得し、ついには理念的な存在を獲得するようになる、そのための操作としてさえあらわれる」。

8　『形式論理学と超越論的論理学』第三節、邦訳 26 頁（ただし訳は変更した）。また、この箇所についてのメルロ＝ポンティの注意は『人間の科学と現象学』邦訳 73 頁

にみられる。

9 『ヨーロッパ諸学の危機と超越論的現象学』(中央公論社、細谷恒夫・木田元訳)
所収の付録二「幾何学の起源について」、394 頁。

10 『ことばと意味』48 頁。また、『幾何学の起源』フッサール著、ジャック・デリ
ダ仏訳および序説、青土社、田島節夫他訳、132 頁以下も参照。

11 本節における同書の参照箇所は、節番号による。同書はフッサール自身が執筆
したものではなく、ラントグレーベがフッサールの草稿に基づいて編集したもの
であるが、ここで扱う「対象の類型」、「既知性と未知性」、「本質看取」などの思
想は他の書(『デカルト的省察』、『形式論理学と超越論的論理学』、『受動的総合
の分析』など)にも見られるものである。

12 同上、16 節。「連合」の原語は "Assoziation" である。「連想」の意味も含むが、
顕在的に「想起」される事柄だけでなく潜在的な関連も含む。ソシュールにおけ
る「連合」"association" も同様である。

13 183-184 頁。

14 中島訳 29 頁。

15 なお、知覚の現場での、視覚経験と概念の適用について、山田圭一「アスペク
ト転換において変化するもの」が詳細な分析を提示している。

16 この点については、『経験と判断』第 83 節「経験的類型的一般性とその受動的
な前もっての構成」を参照。

17 原語は、"Wesens-erscheinung" であり、"Wesens-anschauung" 「本質直観」と呼ばれ
ることもある。

18 第 83 節 (b) を参照。経験的概念の例として「鯨を魚と捉えること」が挙げられ
ている。こういった「非本質的類型」が学問的研究に基づく「本質的類型」に取っ
てかわられることは、ありうるのである。

19 『形式論理学と超越論的論理学』第 89 節 C。

20 本節の内容は、フッサールの身体についての『イデーン第二巻』(第二篇第三
章「身体を介しての心的実在の構成」の論述や、それを主題の一つとして書かれ
たメルロ=ポンティの『シーニュ 2』所収の「哲学者とその影」、『眼と精神』(邦訳
257 頁以下) などによるものである。また、市川浩『精神としての身体』も参考と
した。

21 『眼と精神』(同上)。

22 フッサール『デカルト的省察』、第 49 節参照。

23 『デカルト的省察』第 53 節、第 54 節参照。

24 『幼児の対人関係』邦訳 133 〜 134 頁参照。

25 トマセロ『コミュニケーションの起源を探る』、40-41 頁。

26 川畑秀明氏 (2018) は、絵画を見る際の、脳の活動領域を研究し、風景画と静
物画と肖像画では、脳の活動領域が異なると報告している。このことは、絵画を
見る場合にも、「人間の顔」は、それとして (風景や静物とは別様に) 認められて
いるということを示唆しているであろう (川畑、145-6 頁)。

27 ヴィーズィンクは "Transparenz" と表現している (*"Phänomene im Bild"*, S.50)。

第3章　現象学の諸問題　113

28　この講義とともに、この問題についての草稿は『フッサール著作集　第23巻　想像、像意識、想起　1898-1925』に収められている。本節での参照箇所は、同書の頁 (S.) によって示す。また、『イデーン第一巻』の頃までのこの主題に関する彼の思想については、小熊 (2015) の「1 画像表象と中立性変様」を、その後も含めた彼の思想全体については、小熊 (2018) を参照されたい。

29　この三つの契機はドイツ語では、順番に、Bild-ding, Bild-objekt, Bild-sujet　である。

30　同講義ではさらに、像と像以外という二つの知覚の「相克」がそのような「非現実性」の把握を動機づけると考えられているが、その理解はのちに訂正されている。(ただし、「像物体」の知覚がありうるという点は三契機の関連を考える際に重要ではある。)

31　この区分は本章第1節 4 (76 頁) の表象の「形式」の区分と同じものである。ここでの、「空虚な思念」は言葉だけの「記号的思念」と同じことであり、ここでの「想像」は正確には「端的な想像」である。

32　以下、本書末の参考図を参照。図の番号を＃で示す。

33　『眼と精神』邦訳 261 頁。この点については、滝浦静雄 (1972) も参照。

第4章　メルロ＝ポンティの絵画論

　本章では、最初に、絵を描くことの前提となる知覚の性格についてみておく。とくに、知覚されたものや人が「スタイル」をもって現れることが述べられる。次に、第2節では、絵を描くことについて考察するが、絵の描き方のスタイルについて、そして、知覚された物の在り方と「絵画」の在り方について考える。第3節では、ものを見、ものを描く身体の存在との関連で絵画の手法が考察される。第4節では、「絵画における意味」を「言語における意味」と対比する。その際、画像上のシステムやそこに現れるスタイル（いわば共時態）、それらの変動や工夫（通時態）といったことが対比の軸となる。最後に、上の対比について、絵画を一つのシステムとして考えたと思われるカンディンスキーの考えを参考とする。

　「身体」と「世界の中の物」を両極として項目を配置すれば下の図が考えられる。

　「世界の中の物」へのかかわりには、「身体」による「知覚」と「行為」がある。前章でもみたとおり、「絵画」はほかの物とは違う在り方をしているので、「絵画」と「世界の中の物」は区別される。フッサールにおいて、前者は「像物体」および「像客体」、後者は「像主題」と呼ばれていた。「絵画」へのかかわりとして、「描くこと」と「見ること」がある。

第1節　描くことの前提としての知覚

1　感覚と意味の一体化としての知覚

　メルロ＝ポンティが絵画や描くこと、見ることを考察する際に基礎とするのは、まず「知覚」である。すでに、「知覚的意味」という項目のもとで触れてきた事柄であるが、あらためて、みておこう。

　　一様な地［背景］の上に白いしみがあるとしよう。しみを構成するすべての点はそれらを「図」たらしめる或る「機能」を共有している。図の色は地の色より濃密で、いわば抵抗性が強い。白いしみの縁はそれに「属して」いて、同じようにこれと隣接する地には結びついていない。しみは地の上に置かれているように見え、地を中断してはいない。いずれの部分もそれが実際含んでいる以上のものを告知しているのだから、こんな初歩的な知覚でも、それは、すでに一つの意味を担っているのである[1]。

　こうして、メルロ＝ポンティは、単純な知覚がすでに「意味」を担っていると言う。これは、白紙に黒い線を一本引く場合にも当てはまる。それは画面を分断するのである。

　また、線は、カンディンスキーが述べているように、次の意味合いをもつこともある。

　　線は、運動から生まれる——しかも、点そのものが内蔵している完全な静止を破壊することによって、そこには、静的なものから動的なものへの飛躍がある[2]。

　他方、「意味」と対立する要素であると考えられがちな「感覚」については次のように言われている。

　　純粋な感覚というものが存在するなら、それは、区別できない、瞬間的

第4章　メルロ＝ポンティの絵画論　117

で点のような「衝撃(印象)」の体験となるであろう。……［ところが実際には］われわれの経験には、こんな概念にあたるいかなるものもないし、猿や鶏といった動物の、今まで知られている限りの最も単純な知覚といえども、……［諸要素間の］関係に向かっているのであって、決して絶対的に孤立した項に向かっているのではない[3]。

こうして、知覚においては、単純な要素ではなく要素間の関係がともに知覚され、そこには、「まとまって丸い」というだけでも「意味」が存するのである。
　こうしたことをとくに強調したのは「ゲシュタルト(形態)心理学」という心理学の一派であった。よく知られたものであるが、図を見てみよう。

それぞれ、要点を示せば次のようになる。

(1) 他の部分との関係で、存在しない三角形の輪郭線が見える。

(2) どの部分をまとめるかによって、二通りの見え方が可能である。

(3) 部分がどちらに属するかによって、全体の中で果たす役割が違う（若い婦人の左耳と老婆の右眼）。

(4) 慣れた見方による解釈が、図全体の解釈に入ってくる（一本の線が円柱によってさえぎられている）。

以上の例は、知覚において〈諸要素は関連し合っていること〉と〈知覚が意味と一体になっていること〉をわかりやすく示すものと言えよう。

ただし、「知覚的意味」は、概して、言語的な「差異と関連性」からなる「意味」よりも細かな意味合いやニュアンスを持つものである。例えば表情の意味合いは精妙であり、多義的である。眼つき一つで表情や人物の知覚は大きく変わってしまうのである。

2 身体的行為としての知覚と知覚野

すでに、第1章第3節B2や第3章第1節でみたように、知覚も一種の「行為」であり、身体の動きを伴っている。われわれは、眼や頭をさまざまに動かしながら物事に目を向けることによってはじめて、しっかりと知覚することができる。

また知覚は行為であるゆえに、知覚しようとする「志向」とその知覚の「実現」が区別されるし、細かく見れば、知覚が実現するためには、身体の運動と知覚野（周辺と中心などのの別がある知覚的広がり）との相関が存在しなければならない。

つまり、視野内の周辺にあるものに目を向けてそれを中心にして知覚をおこなうといったことができなければならない。その際、視覚において目を向けることのできる範囲が「視覚野」であり、触覚に関しても、触ったり手を伸ばしたり動かしたりする範囲が「触覚野」ということになる。

さらに、知覚的行為と知覚野の相関を考えてみれば、視野内の一部を見れば他の部分が不鮮明になるのであるから、関心に応じて、不鮮明になった部

分を再び見ることもあるし、鮮明な部分であっても、注意の集中や凝視によってさらに確認を続けるということもありうる。

こうしてみると、知覚はいつも「未完結」であり、刻々と変化しつつ展開するダイナミックな行為なのである。

3　有意味な行動の知覚

前章でみた「間主観性」のことを顧慮すれば、身体的行為を通して、われわれは相互に行為を見、理解することができる。そして、行為の共通性や類型性をも見て取ることができる。

こうして、われわれは、人間の身体的行為を一つの「意味」のある「表現」とみなすが、メルロ＝ポンティは、『知覚の現象学』において、人間の動作が新しい「意味」をもつようになる変化を、次の印象的な例で示している。

たとえば、ダーウィンによれば、もともと陽光から目を保護するために行われるはずの、眉をひそめるという行為や、はっきり物が見えるようにするための両眼の収縮という振る舞いは、瞑想という人間的行為の組成部分となり、目撃者に対してもこれを意味するようになる[4]。

こうして、互いの動作とその理解の中で、人間の表情や動作は、「新しい意味」を帯びるようになっていくであろう。同じ「笑顔」であっても、人なつこいものも、冷笑的なものもあるであろうし、「食べ方」にしても、「豪快である」というように、性格をそこに重ねることになるかもしれない。

4　知覚とスタイル

「スタイル style」という語は、もとはラテン語の尖筆、鉄筆という意味の「stylus」であり、それが、書体、文体、様式という広い意味を持つようになり、知覚、動作、絵を見ること、絵を描くことのいずれにも適用される。ここでは、「動作の仕方」、「見方」、「独自の描き方」などと理解されたい。まず、知覚にみられる「スタイル」をみてみよう。

「知覚はすでに様式化（スタイル）されている」。アンドレ・マルローのこの考えを手が

かりにして、メルロ＝ポンティは次のように述べている。

　　通り過ぎる一人の女性、それは私にとって、まず（客観的な）或る身体の
　輪郭や彩色されたマネキン人形や空間の或る場所の一光景といったもの
　なのではなく、「一個の個性的・感情的・性的な表現」であり、その強
　さと弱さをもって、歩みのなかに、あるいは地面を踏むヒールの音のな
　かにさえ全面的に現前している一個の肉なのである。……それは、女性
　的存在の、またそれを通して人間存在のアクセントに変化を与える特有
　の仕方であって、それが私のうちに、それにふさわしい共鳴器の体系を
　見出すゆえに、私はそれをまるで一つの文章が分かるように分かるので
　ある。したがって、すでに知覚が様式（スタイル）化しているのである[5]。

　或る女性が歩いているのを知覚することは、女性に特有の歩き方を見て取る
ことであり、そこにその女性の個性やその場の（急いでいるといった）態度も
見て取ることになる。知覚がそうした特有のあり方（スタイル）を見て取るこ
とであることを、メルロ＝ポンティは、「知覚はスタイル化されている」といっ
たのである。第1節で用いた言い方をすれば、そうしたスタイルを伴った人
物が知覚において「浮かび上がってくる」のである。相撲力士をみて、力強さ、
安定感、信頼感を感じ、山についても、安定感や空への突出の勇ましさを見
出すこともあるかもしれない。
　またこうしたことは、先にみた、「間主観的な」身体の発見とも重なって
くる。われわれは、身体をある動作を或る目標に向かうこと、仕事への従事
などとして見て取るのである。虫網で蝶を捕らえようとしている子供、飛び
立とうとしている白鳥、ウィンクをしている女性、ジャンプしようとしてい
るフィギュアスケート選手、遠い山々を見ている眼差し、眼前の小さな傷を
凝視している眼、などもそうである。
　ものを「類型」を通して見て取るのもそれに類することである。茶碗を見
ること、加工された石や加工されていない石をベンチとして見ること、など
がこれに属するであろう。
　以上をまとめれば、知覚されるものはそれが視野内で浮かび上がってくる

限りにおいて、何であれ意味づけられており、見られる人間の行為や表情も志向性と意味をもつものとして現れており、さらに、或る「スタイル」を具えたものとして現れている、ということになるであろう。

　では、そうした知覚的状況を考慮したとき、「絵を描くこと」はどのような意義をもつのであろうか。

第2節　絵を描くこと

1　スタイル

　メルロ＝ポンティは、『間接的言語と沈黙の声』や『世界の散文』のなかで、先にみた「スタイル」という点から、絵画について考察している。それを一言でいえば、「絵画的表現は、知覚の中で開始されている世界の形態化を捉え直し、そして越える[6]」ということになる。

　彼は、「知覚はすでにスタイル化されている」と述べたあとで、「もし、画家ならば、この最初の意味がもっと別の意味を引き出すことになる」と続け、次のように説明している。

　　　観賞者がカンヴァスの上に見るものは、もはや単に一人の女の喚起でもなければ、或る職業、或る動作、さらにはある「生活観」の喚起でもなく、むしろ世界に住みつき世界に対処する或る類型的な仕方、結局は衣服と同じように顔つきによって、精神と同じように肉体によって世界を意味する一つの類型的な仕方の喚起であるようになるのである。

つまり、画家は、人物の分類などではなく、ある人物が表情や動作によって世界をどのように見、世界にどのように立ち向かうかを画布上に表現するのである。しかもその際、メルロ＝ポンティは、このような類型化は、絵画においては、「世界の諸所与」を或る「首尾一貫した変形（デフォルマシオン）に従わせる」ことであると言う。だが、この「首尾一貫した変形」とはどのようなことであろうか。

　その含意は、たとえば、エル・グレコの描き方を思い起こしてみるならば、

分かりやすいのではないだろうか（# 2）。

エル・グレコの「聖アンドレアと聖フランチェスコ」には次のような解説がみられる。

> この画面において、聖アンドレアが殉教したX字型の十字架をはさんで、静かに心の対話を交わす二聖人は、天空にそびえるかのように巨大化されながら、ほとんど重さを感じさせない。ぐっと下げられた地平線をもつトレドの大地に立つX字型十字架が、時空を超えて共存する一切の要素に統一を与えるとともに、緑、茶、灰色、青、黄による美しい色調にも統一を与えている。この二聖人の立像が示すように、エル・グレコの人物像はしだいに長身化していくばかりでなく、輪郭も液状を強め、動作も複雑さをまして、蛇のうねりを思わせるいわゆるフィグーラ・セルペンティナータ［蛇状姿態］に変貌してゆくのである[7]。

このように、この絵は、色彩に関しても形態に関しても、グレコの「スタイル」を帯びている。それは、二人の聖人の姿や表情に現れているだけでなく、二人が見、グレコが見ている空や大地の様子にも反映している。こうして、画面全体が、「首尾一貫して変形」されているのである。

2　絵画の在り方

メルロ＝ポンティは、『眼と精神』のなかで、「知覚すること」と対比して、絵画を描くことは、「自乗された見えるもの un visible à la deuxième puissance」を作ることである、と言う。「自乗された」とは、ここでは、「それ自身に関わる」という意味合いあろうが、それは、どのようなことであろうか。

彼は、さらに、物や人、質・光・色彩・運動などはわれわれの身体のうちに「響き écho」を引き起こすが、それに応じて描くとも、言う。

先にみたように、われわれは身体によって物に触る、見るといった仕方で働きかけ、その応答として知覚が実現されるが、その際の物やその状況からのわれわれの身体やその感受性への働きかけが「響き」と呼ばれているであろう。そのことを勘案すると、「描くこと」は、その「響き」に応じて単

に知覚するだけではなくて、その響きを描くことだということになるであろう。

さて、ヴィーズィンクは、現象学的画像論のなかで、次のように言う。

　　像は、或るものを、見え方にそくして、見えるようにする。像は自乗された可視性をもつ。像においてわれわれは、像が示すものを見ることができるだけでなく、像がそれを示すように見ることができるのである[8]。

つまり、像は、物を見せるだけでなく、物の見え方を見せるというのである。絵画は、物と同じようにあるのではなく、ラスコーの洞窟の岩に描かれた動物のように、「非現実的な」現れにおいてある[9]が、そうした「現れ」において、絵画は、「見え方」を見せると考えられるであろう。

　そして、それは、物や刺激ではなく、物を見る位置や諸部分や動きをもつ身体、「諸感官の連絡」を持つ感受性、また、いろいろな「関連性」を呼び覚ます「連合」、そうした広がりをもつ「身体」を響かせる「響き」を描くということになるであろう。

第3節　絵画の手法

1　絵画と身体の存在

では、「見え方」を描く画家たちの労苦、その結果形成される描き方の「スタイル」、その源泉はどこにあるのであろうか。それをメルロ＝ポンティは人間が「身体的存在」であることに見出している。

すでにみた事柄ではあるが、彼は、『眼と精神』のなかで、人間の身体について、「人間の身体があると言えるのは、〈見るもの〉と〈見られるもの〉、〈触るもの〉と〈触られるもの〉、一方の眼と他方の眼、一方の手と他方の手の間に或る種の交叉が起こり、〈感じ・感じられる〉という火花が飛び散って、そこに火がともり、……その火が絶え間なく燃え続ける時なのである」と言い、そのあとで、「こうした不思議な交換体系が与えられてみると、絵画の諸問題もすべてここにあることになる」と述べている。

たしかに、主体でもあり客体でもある「身体」が在るゆえに、「奥行き」が生まれ、物を「正面」や「斜め」から見るということがあり、他者の動きに自分の動きを重ね合わせることもあり、視覚、触覚、嗅覚など諸感覚の連絡もあるのであり、こうしたことによって、物は見え、見え方は多様なのである。このように考えれば、絵画のスタイルの多様性の源泉は「身体」の存在にあるということも理解できるであろう。

『眼と精神』によりながら、「奥行き」、「線」、「色彩」、「運動」という点から「見え方」や「描き方」を見てみよう。

メルロ＝ポンティが「もっとも実存的な次元」と呼んでいた、物の「奥行き」や「遠近」は、横に広がる「幅」のような見え方ではないので、それ自体は平面的な絵画には描きにくいものであるが、それは、さまざまな物の重なり合い、大きさの違い、光のあたり方、などによって示される。一つの無限遠点にむかって諸事物の大きさが規則的に小さくなるように描くいわゆる「線的遠近法」も一つの手法であるが、パノフスキー [10] が唆したようにその遠近法のみが真の存在をうつす正解だというわけではなく、関心のあるものを大きく描いたり、秘かに別の視点からの眺めを入れ込む（たとえば或る人の視線を描く）ことによって視覚を活性化させたり、蛇行する川や道によって視線を導き入れたしすることもありうる。

たとえば、レオナルド・ダ・ヴィンチの「受胎告知」（＃3）や「岩窟の聖母」「モナ・リザ」の背景には遠近の感じられる風景があるが、大きさのほかに、色の違いも大きな役割を果たしている。また、シャガールの「緑のヴァイオリン弾き」（＃4）のように古典的遠近法にこだわらずに描く画家もある。

線についてもいろいろな描き方や考え方がある。物の輪郭を描くために線を描くこともあるが、他方で、風景の中に可視的な線そのものは存在しないのであり、林檎の輪郭や草原の境界は、見る際に「暗示され、含意され、強要され」はするが、それ自体は見えるものではないという理解もある。また、線を描く場合であっても、一本の黒い線を輪郭として描くのではなくて、（セザンヌの静物画（＃5）にみられるように）数本の細かい線を描いたり、林檎の色を次第に変化させて輪郭を表したりするということもありうるであろう。こうしてみると、メルロ＝ポンティの言うとおり、線についても、パウル・ク

レーの「芸術は見えるものを再び与えるのではなく、見えるようにするのである」という言葉が当てはまり、これこそ「見え方を描く」ことだと解することができるであろう。

しかも、「見え方」を「見えるようにする」ということは、「線」に限らず、およそ「絵を描く」という行為の最も重要な意義を言い当てているように思われるのである。

さて、色彩については、通常われわれは、形と色を別ものとして分けて考えことが多いが、セザンヌは、次のように言う。

> デッサンと色彩とは、もはや別々のものではない。彩色するにしたがって、デッサンも進む、色彩が調和すればするほど、デッサンは明確になる。……色彩が豊かになれば、形態も充実する (セザンヌの言葉)[11]。

デッサンの線と色彩は一緒にはたらくのである。

視覚と他の感覚については、メルロ＝ポンティの次の言葉がよく知られている。

> 根源的な知覚においては、触覚と視覚との区別は知られていない。われわれは対象の奥行きやビロードのような感触ややわらかさや固さなどを見るのである。それどころかセザンヌに言わせれば、対象の匂いまでも見るのである。もし画家が世界を表現しようと思うならば、色彩の配置が、そのなかに、この分かちえない全体を含んでいなければならない[12]。

こうした「諸感官の連絡」の例としては以下のことがあげられる。火の色と熱さ、雪のふわりとしているが崩れそうな形と冷たさ、材質のざらざらな感じや滑らかさと目に見える表面の微細な形状、滝と響きに感じられる細かな振動。これらは、われわれが知覚をする際に発動される「連合」（つまり響き）でもあり、画家はそれを描くのである[13]。

最後に、運動についてみておこう。馬が疾走している動きを表現する描き

方として、時点を跨ぎ越すような描き方がある。たとえば馬の前足と後足が異常に開いて飛んでいるかのように描くのである（＃6）。また、マルセル・デュシャンの絵（＃7）のように、ストロボ写真の複数の像を重ね合わせるように描かれた画面によって動きを表現することもありうる。これによって動きが見てとられるのである。

これに関連した、認知科学の立場からの研究をみておこう。河邉隆寛氏は『知覚と感性』（第6章「絵画と仮想」）の中で「絵画の運動表現」を扱っているが、関連部分を簡略化して紹介しておく。

Kim & Blake はデュシャンの絵画「階段を降りる裸体 No.2」を使って、絵画の運動印象に相関する脳内の活動の特定を試みた。その際、（運動印象を伴う授業における議論という）事前の経験をも考慮して実験をおこなった。その結果、デュシャンの絵画を見るという刺激は、実際の運動に反応する脳内機構（MT ＋野）を刺激しており、事前の経験があった場合には、その反応が強まったということである。

「運動表現」に関する研究はまだ途上にあるとされ、上の事例については、見る者が実際の運動と絵画という仮想の刺激とをどのように区別するのか、などの問題も言及されているが、上の結果は、このような絵画を見る場合われわれは運動を考えるというのではなく運動を見るかのような経験をしている、ということの示唆となるように思われる[14]。

2　描く現場

さて、こうした描き方によって描く時、画家はどうするのか。彼は次のように言う。

眼は世界を見る、そして世界が絵（タブロー）となるためには世界に何が欠けているかを見、また絵が真の絵となるためにはそこに何が欠けているかを見、そして、パレットの上に絵が待ち受けている色を見る。そしてそれが仕上がった時、眼はこれらすべての欠如を満たしている絵を見、さらには他人の絵、つまり自分のとは違った欠如に応ずる別な応答を見るのである[15]。

第4章　メルロ＝ポンティの絵画論　127

　画家は、世界と絵と他者の絵、色の集まりとしてのパレットを順次眺め、比較しながら、次第に描いていく。その際、描く前に何をどのように描くかがあらかじめ決まっているわけではなく、「風景」と「描かれたもの」を見くらべながら補足や修正を加えつつ描くのである。こうして、彼は、物の「見え方」が「見えるように」(クレー)描かれているかどうかを確かめながら描くのであり、それは、線や奥行きに、色彩や運動に、また、諸感官の結合に関して、そして、それらを通して現れる物の存在に関してもあてはまるであろう。この過程こそ、「身体を通して風景を絵に変える」作業であるが、そこには自らの身体的特徴、見方や連合の特徴が表われ、画家に固有の物の見方、描き方、つまり「スタイル」ができあがっていく。

　なお、19世紀の芸術思想家コンラッド・フィードラーは『藝術作品の根源』のなかで、手によって「造形的に描く能力」のことを、「眼が意識に提供するものを、眼のために実現する可能性」、あるいは、「眼の活動が呼び覚ます可視的存在 (sichtbares Sein) の意識を、そのまま独自の道をたどって発展させ続けうる方法」であると述べている[16]。直接の影響関係はともかく、これは、先にみたクレーの考えと親近的な思想であると言えよう。

第4節　絵画における意味

　では、そのようにして描かれる絵画の意味は、どのように考えられるであろうか。メルロ＝ポンティは、それを言語における意味と対比していたのであった。

1　サルトルとメルロ＝ポンティ

　『間接的言語と沈黙の声』は、最初、サルトル、メルロ＝ポンティらが編集していた雑誌『レ・タン・モデルヌ』に1952年に掲載された論考であり、サルトルに対する献呈の辞が添えられている。

　サルトルは『文学とは何か』(1948) の中で、メルロ＝ポンティが『知覚の現象学』で、「何の意味ももたないほど純粋な性質または感覚というものはない」

ということを「立派に」示したと述べている。しかし、二人の間での絵画の「意味」についての態度はかなり異なっている。それをみることによって、メルロ＝ポンティの考えを明確化しておこう。サルトルは、上の言葉のあとで、つぎのように続けている。

　　しかし感覚にひそんでいる漠とした感じ、軽い快活さや内気な悲しみは、感覚に内在的であるか、あるいは、感覚のまわりに陽炎のようにふるえているものである。

サルトルは、「軽い快活さや内気な悲しみ」が感覚に「内在している」、あるいは、その「まわりにある」ということは認めるが、感覚がその悲しみを「意味する」という言い方は認めない。サルトルの次の言葉はそのことをはっきりと表している。

　　画家は画布の上に徴（記号）を跡づけようとはしないで、一つのものを創り出そうとする。もし画家が赤と黄と緑とを一緒に置くならば、その集まりが定義することのできる意味をもつからではないし、何かほかの対象を指示するからでは決してない。

つまり、画家が創り出すのは「もの」であり、絵画は、言語の徴（記号（シーニュ））が何かを「意味する」ように「意味する」わけではないというのである。それに対して、メルロ＝ポンティは、たしかに絵画の在り方は言語記号が「意味する」のとは違うことを認めながらも、次のように言う。

　　だが、画家にとっては、さらには絵画に熱狂しているすべての人にとっては画像の意味は、カンヴァスの熱気以上のものでなければならない。それこそが、他のあらゆるものに優先して、この色やこの物を要求しうるし、またあるシンタクスやある論理と同じ必然性をもって他の物の配置を命じうるからである。
　　確かに、羊の毛のようなものが青に縛り付けられ、酸っぱい快さがま

第4章　メルロ=ポンティの絵画論　129

だ熟していないリンゴの緑に縛り付けられているように、[ティントレットの絵 # 8 において] ゴルゴダの上空のこの黄色の裂け目の意味はその色に縛りつけられている。しかし画像の全体がそこにあるわけではない。その色に付着しているその不安は、ある全体的意味……の構成要素にすぎないのだ [16]。

　メルロ=ポンティが言いたいのは、「この黄色の裂け目」はそれだけでは意味を持たないように思えるが、画像全体の意味の一端を担っているということであろう。

　こうして、「知覚や絵画が意味をもつ」ということについて、サルトルとメルロ=ポンティは、態度が異なる。サルトルにとっては、厳密には「言語（記号）[のみ] が意味をもつのであり」、他方のメルロ=ポンティにとっては、知覚や絵画も、言語とは違った仕方によってではあるが、「意味」を持つのである。それは、描かれた構図、物の配置や色の有り様、線の引き方、スタイルなどによって露わにされるような「意味」である。

　メルロ=ポンティはこのような「意味」が存在することを強調するのである。ちょうど、言語活動が（「連合」によって与えられている）可能な選択肢の中から選んで文を作るように、絵を描くことも、さまざまな可能性の中からの選択によって「スタイル」や「意味」を表現するということになるであろう。

　両者の違いは、「詩の言葉」に対する二人の態度にも表れている。サルトルは、次のように、詩の言葉は、「意味する」言葉ではなく、「ものとなった言葉」であるという。

　　……詩人は道具である言葉と一挙に手を切って、詩的態度を選んだのであり、詩的態度とは言葉を徴（記号）としてではなく、ものとして考えることである [17]。

これに対して、第二章でみたとおり、メルロ=ポンティは、詩的言語と通常の言葉を区別して扱うことはしていなかったのである。

　では、メルロ=ポンティにおいて、「絵画における意味」と「言語における

意味」はどのように特徴づけられるのであろうか。

2 「絵画における意味」と「言語における意味」

メルロ＝ポンティは、両者を対比的に考察する意義について、次のように概括している。「絵画を一つの言語として論ずること」は、

> 一つの、知覚的意味、つまり視覚的ゲシタルトのなかにとりこになってはいるが、しかし沈殿した先行の表現の全系列を、永久にそのやり直しを続けていかなければならぬという形においてではあれ、おのれ自身のうちに完全に取り込みうるような知覚的意味を、絵画のなかで明らかにしてくれるのである[18]。

ここで、「知覚的意味」と言われているのは、「スタイル」に関連して言えば、エル・グレコの画像のなかに、ティツィアーノやティントレットやミケランジェロを学んだ跡が隠れているとともに、それらを克服しようとする姿勢が見て取れるといった関係である[19]。

　このことは、絵画において、どのような構図、どのような遠近の表現を取るか、どのような色や線の描き方を選択するかということに関わる諸可能性とも関連しているのである。そうしたなかに、メルロ＝ポンティは、「〈自分が捉え直している伝統〉と〈自分が創始している伝統〉とをただ一つの動作で結びつけるときの、制作中の画家に住まっている歴史性」を「生きた歴史性」としてみようとする。これは、ちょうど、ある時点での「共時態」としての言語体系のなかに、よくみれば以前の言語体系の「痕跡」が残っているのと比べられる事柄であろう。

　言語において、こうした「差異と関連性」に関わり、以前の差異を受け入れつつも新しい「可能性」を切り開くのは、「連合」のはたらきであり、それは、「想起」や「連想」をも含む広い意味での「想像」のはたらきによるものと考えられる。

　では、画像上の構成における意味とその生成を、画像上の「差異と関連性」にそくして、考えることができるであろうか。

3 画像上の意味

　ゴットフリート・ベームは、メルロ=ポンティの発想を生かしながら、セザンヌの「サント・ヴィクトワール山」を主題とした連作を解釈している。彼の解釈を参照して、画像上の「意味」について考えよう。彼は、セザンヌの晩年の作品に多く見られ、画面を構成する筆の跡によって隙間なく置かれ、互いに隣接し合っている「色の斑」——あるいはストローク——を「要素」と解して次のように述べている。(＃9，＃10)

　　セザンヌが画像をつくっていく際に理解していることの実質とは何であろうか。…色の斑［によって組み立てること］は構成上の視点を伴っている。その実質は非常に単純で統語論的な処置にある。セザンヌは各々個々の要素を置くと共に、常に他の要素との関係（コントラスト）も置いていった。……その［隣り合っている］境界において、より精確には、その差異によって、徐々に意味的布置がかたちづくられていく。「それゆえ描くことは、コントラストをつくることだと言える（セザンヌ）」[20]。

　これらの色の斑は、見られた風景自体のなかにある色や形をそのまま写しているわけではなく、一種の「人為的構成」によるもの(128頁)であり、「個々の要素からは現実におこる何ものも特定できない」ものである(127頁)。だが、それは画像のほかの部分の要素との対比や関連によって意味をもち、全体的な見えを構成するのである。それが、言語における文の作成とのアナロジーによって、文中で語を結びつける仕方を意味する「統語論的な処置」と呼ばれているのである。そして、ベームはこのようなことが可能なのは「システム」によると言う。

　　画像のはたらきにとって決定的なのは、要素間の移行のすべてに及ぶシステムであり、コントラストの潜在力である。このシステムでは、交互の指示作用がスムーズに起こり、それによって画像とその意味世界が展開していく。絵画の意味は、動的な生成と、つまり開かれつつ流動的な

132

　分節化とひとつになって生じる[21]。

　ベームは、さらに、システムによって可能になる「画像の言語」という言い方もしている。画像の要素とその結合の仕方は、言語におけるそれらとは異なるけれども、諸要素が結合によって「意味」を持つという点では語と同様である、ということになるであろう。

　だが、ベームの言うセザンヌの「サント・ヴィクトワール山」に見られる「システム」とは、より具体的には、どのようなものであろうか。単位となっている「色の斑」（ストローク）を連ねていく際の色の重ね方、コントラスト、全体的構図などが「システム」として考えられるかもしれない。色の選択、さまざまな色のコントラストの選択、構図の選択など、がシステムであり、それらの選択によってできあがるものとして、一枚の絵画を考察することができるかもしれない。

　そうすると、それらのシステムにおいて、諸要素は「差異と関連性」にある語彙の集合と同類のものであり、それを組合せて成立するのが、「文」に相当する「絵」ということになるであろう。そして、その組合せ方にある特徴（スタイル）が存すると考えられる。言語の場合に、文章や作品の「スタイル」について語ることができたように、絵画の場合にも、「スタイル」を語ることができるわけである。

　だが、セザンヌの描き方だけでなく、もっと広範に、絵の描き方一般の「システム」ということについて考えることはできるであろうか。この点で思い浮かぶのは、カンディンスキーの考えである。

第5節　カンディンスキーによる絵画表現の考察

1　「要素」と「組み立て（コンポジション）」

　カンディンスキーは、「絵画の基本的要素」として、「形態」と「色彩」を考えた[22]。

　「色彩」については、たとえば、「黄」または「青」に向かう傾向は、その順に、「暖」または「寒」の区別、「観者に近づく傾向」または「観者から遠ざかる傾向」、

「遠心性」または「求心性」を表すと言われている。

たしかに、一般に、色彩が、さまざまな仕方で感情に働きかけることはよく知られているが、その働きかけを色彩のもつ「意味」と考えることもできるであろう。

「形態」についても、詳細な分析が行われている。「点」は外面的には「最小の基本的形態」であり、内面的には「もっとも簡潔な形態」である。だが、点の大きさ、形（星形、丸形など）などによって、また、点と面、点と他の形態（直線、曲線など）との関連によって、その意味合い（「響き」）は変わる。たとえば、点が正方形の中心にある場合と、中心からずれている場合では、意味合いは変わる（安定と不安定のように）。正方形の中の点の数によっても意味合いは変わる（場合により、中心に集中した感じ、散漫な感じなど）。そして、これらは同時に、（画面全体や個々の形態の）「コンポジション」にも依拠する。

「線」についてみれば、それは基本的には「静的なもの（点）から動的なものへの飛躍」であるが、「水平線」と「垂直線」と「斜めの線」はそれぞれ、「無限の冷たい運動性」、「無限の暖かい運動性」、「冷たさと暖かさの均衡」を表す。

また、「正方形の中心を通る、水平線と垂直線」つまり「田」のような形は、「力強い響き」を発するのであり、これが、線による「コンポジション」の原型である。さらに、二本の直線がどのような角で交わっているかによって、また、三角形と四角形と円によっても受ける印象は異なる。底辺が下にある三角形は安定感を生み出すであろう。

これに続いて、「色彩」と「形態」の組合せの論述も行われている。

こうした事柄は、たしかに、言語表現の意味とは異なるレベルではあるが、メルロ＝ポンティの考えるように、「ある意味を表している」と言えるのではあるまいか。

2 非対象絵画と対象的絵画

ところで、先にみたように、知覚されたものや描かれたものの意味には「家」や「山」や「木」のように言語表現によって表されるものも多い。しかし、それらに捕らわれていると、色彩や形態が「語ること」（つまり「響き」）を適切に表現しにくくなる。そのために、カンディンスキーは「非対象絵画」へと赴

いたと思われる。

まず、対象を設定して描かれる通常の絵画について、「《対象的》絵画は、多かれ少なかれ《文学的》内容に寄りかかっている。絵画そのものの傍らで、対象（ごく控えめでその声は低いものであるとしても）が《喋っている》のだから[23]」と言われている。

これに対して、「非対象絵画」の動機が次のように述べられている。

> 純絵画的な手段のみによる単独責任、このことから当然、コンポジションやその均衡（ヴァルール［価値、意義］、様々の《形態》や《色斑》の重さなど）の、さらにまたコンポジションの構成要素として最後ギリギリの点まで《ヴェールを剥がれた》各部分の完璧な精確さが必要となるわけです。同じ理由から、使い慣れた《口実》を奪われた画家には、自由にその才を発揮し、絶えず新たな《発見》をしつづけてゆくために、想像を働かせる可能性も生まれる、いや、ぜひとも想像力が必要となるのです。……その可能性は無限なのです[24]。

このような動機から作成された「非対称絵画」として、＃11を参照されたい。

こうして、「文学的」表現のヴェールを剥ぐ表現を求めるという「非対象絵画」への動機が説かれてはいるものの、カンディンスキーは、対象をもつ絵画を否定しているわけではない。あたらしい絵画的表現の模索としてみれば、両者に区別はないというのである。

> 純粋抽象も純粋写実とまったく同様、物質的存在としての一面をももつ事物を利用することもある。……双方の場合とも、内面の響きを具体化するという、やはり同一の目的を有するからである[25]。

3 言語表現と絵画表現の体系

カンディンスキーの絵画表現の分析に戻ると、上で考察されているのは、「言語」の場合の文法や語彙、ソシュールの用語で言えば「連辞」関係と「連合」関係にあたる事柄であり、それは、「言語体系」に相当する「画面構成の体系」

とでも呼べるものにあたると考えられる。これらの「要素」や「コンポジション」は、それぞれが選択され画面を構成することによって、ある「意味」を表わすと言えるであろう。上にあげた例は、もっとも基本的なものに属するであろうが、「動き」の表し方、「距離」の表し方、「暖かい表情」、「暗い表情」などを表す仕方(つまり、絵画における手法)をリストアップしてみることもできるかもしれない。

　実際、カンディンスキーは、こうした作業を次のように構想している。

　　理論に負わされた課題は、つぎのようなものであろう。
　　一、現在散逸してしまっており、またその意味内容も失われてしまっているすべての単語を元にして、組織的な語彙表を作成すること。
　　二、文章構成規則を含む文法を案出すること。
　　言語における単語と同様、このようにして、造形的要素は再認識され、また規定されることであろう。文法におけると同様に、コンストラクションの法則が作成されねばならないであろう。ただし絵画にあっては、コンポジションの理論がこの文法に相当するわけだが [26]。

こうして彼は、メルロ＝ポンティやベームが示唆していたように、言語表現と絵画表現の扱いをパラレルに考えていたのである。

4　システムとスタイル

　このように、絵画表現の「体系」のごときものを構想できるのかもしれない。だが、「線」の描き方、使い方だけを考えてみても、先にみたように種々の仕方、考え方があるのであり、絵画表現体系の全体を定めることは無謀な試みとも思われてくる。

　しかし、カンディンスキーも表現方法は「無限にある」と認め、そのなかで選択がおこなわれることを視野に入れている。

　　抽象的な要素と対象的な要素の組合せ、無限にある抽象形態のなかからの選択、もしくは対象的な材料の選択、つまり、両領域にわたる個々の

136

　手段の選択は、芸術家の内的欲求に委ねられているし、今後ともその点に変わりがないであろう。今日では堅く厳禁され、あるいは軽蔑されて、一見大きな思潮からまったく取り残されているかにみえる形態は、自らを駆使してくれる芸術家の現れるのをひたすら待っているのだ。この種の形態は死んでいるのではない。一種の昏睡に陥っているにすぎないのだ。この仮死状態にある形態を通じてのみ自らを表現できる内容、精神が熟し、その物質化を告げる時が到れば、精神はこの形態内に入り込み、やがてこの形態を通じて語りはじめるであろう[27]。

　こうしてみると、すべての「画像構成の体系（システム）」を構想することもできるが、ある時代を想定してみれば、その時代に知られていたり流行していたりする「画面の構成体系」は限られており、その限定はその時代の「システム」を特定することとも考えられ、この点は、「言語体系」に関してみてきたのと同じような事情になることであろう。そうすると、絵画の表現体系にも「共時態」と「通時態」の区別にあたるものを考えることができるのではないだろうか。

　またさらに、メルロ＝ポンティが考えていたような、「話された言語」と「話す言語」の区別、あるいは「創造的な言語使用」に匹敵するような「創造的な絵画表現」が考えられるのではあるまいか。そして、それは、ある画家が以前の画家を学びながら新しく開発する「描き方」としての「スタイル」といったことになるであろう。

　このようにみてくると、一時代のみならず一人の画家が確立した「スタイル」も一つの「システム」であると考えることができるかもしれない。たとえば、ベームの理解のように、セザンヌのシステムは一筆一筆によるストロークを積み重ね、それらからなる全体のコントラストに注意しながら描くことであり、それによって、輪郭線などによって閉じ込められておらず、内側からはじけるような力をもち、そして、青、緑、黄やとりどりの中間色によって陰影をもつ重量感のある山が画面の中心部に姿を現すのである。

　ある「スタイル」は、「見方」、「描き方」として、多くの画家や人々に影響をあたえる。それは、画面における「差異と関連性」であり、さまざまな「可能性」である。メルロ＝ポンティが言うように、さまざまな画家のスタイル

第4章　メルロ＝ポンティの絵画論　**137**

は無関係に並んでいたり対立し合っていたりするのでなく、相互に関連や交
流があるのである[28]。

　このようにして、ゴッホやモネや、また、ミケランジェロやグレコもそれ
ぞれ独自のシステムを開発したと考えられるであろう。それらは、美術館や
美術全集のなかに収められていてわれわれはそれらを眺めることもできる。
しかし、あらたな画家は、過去のものに満足せず、それらを見たり模写した
りしながら、模索し、自らの描画システム、色や形態やコンポジションを開
発していくのである。

注

1　『知覚の現象学』29頁。
2　カンディスキー『点・線・面』邦訳59頁。
3　同上。
4　同上、320頁。
5　『世界の散文』邦訳86頁。
6　『世界の散文』88頁。
7　神吉敬三『世界の大画家12　エル・グレコ』84頁。
8　ヴィーズィンク（Wiesing, L.）*"Phänomene im Bild"*, S.72.
9　第3章第5節末尾を参照。
10　パノフスキー『〈象徴形式〉としての遠近法』、参照。
11　『意味と無意味』所収「セザンヌの疑惑」、18頁。
12　同上、19頁。
13　触感覚と視覚をめぐる哲学における論争（ロックやバークリーを含む）につい
　　ては、第1章第5節（バークリー）の末尾を参照。また、「諸感覚の連絡」につい
　　ては、認知心理学や脳科学において研究が進められている。たとえば、三浦佳世
　　編『現代の認知心理学　1　知覚と感性』第2章「多感覚統合と感性」（和田有史・木
　　村敦）を参照。
14　三浦佳代編『現代の認知心理学　1　知覚と感性』139-140頁。
15　『眼と精神』邦訳262-3頁。
16　コンラッド・フィードラー『藝術作品の根源』邦訳114,116頁（Fiedler 1991,
　　S.163,S.165）。なお、クレーとフィードラーについては、同書編集者（ゴットフリー
　　ト・ベーム）による Einleitung, SS.LXXV-LXXVIII を参照。なお、クレーの「……見
　　えるようにする」という言葉は、『造形思考　上』162頁参照。
17　『世界の散文』89頁。『シーニュ1』83-84頁にも同様の論述が見出される。
18　『文学とは何か』51-52頁。なお、サルトルの記号や言語の理解については、丸
　　山圭三郎『ソシュールの思想』239頁以下も参照。
19　『世界の散文』121頁。

138

20 神吉敬三、前掲書『エル・グレコ』77-78頁。

21 ゴットフリート・ベーム『ポール・セザンヌ《サント・ヴィクトワール山》』131頁。

22 同上。

23 カンディンスキー『抽象芸術論』「VI 形態言語と色彩言語」73頁以下、参照。

24 カンディンスキー『芸術と芸術家』248-249頁。

25 同上。

26 同上書、39頁。

27 同上書、114頁。

28 同上書、50頁。

29 たとえば、このようなヴァザーリの言葉があるという。「ミケランジェロは強靱な記憶力をもっていたので、他の人の作品を一度でも見れば完全に覚えてしまい、彼が他の人の作品を借用しているなどと誰にも気づかれなかったような方法で、それを利用することができた」。パノフスキー『イコノロジー研究　下』72頁による。また、メルロ゠ポンティは芸術家の「スタイル」の確立をフッサールの「設立 Stifutung」という言葉を使って表現し、ラスコーの壁で実現されたような「描く」という行為自体も、セザンヌ、クレー、マティスにまで至るまでの伝統の「設立」と捉えている。フッサールは、『幾何学の起源』の中で「設立」という語を使っていたのである。

まとめ：言語的表象と絵画的表象、連合関係

　画面上には、画家のスタイルに従ってシステムをなす多くの「差異や関連性」が存し、それは全体として「意味」を表現している。画面構成を見ることは感性的なことであるゆえに、その意味は、言語的意味と比較すれば、流動的、多義的であるが、色彩と形態に具体化されている限り、「形」にはなっている。

　言語は、言語的な「差異と関連性」のシステムをなす限りで「言語的な意味」を表現しているが、その意味は、画像的な意味よりも固定的であると考えられる。

　さて、以上のように、言語と絵画の「意味」を考えることができ、いずれも、ソシュールの言う「共時態」として考えることもできるが、それに対しては、体系的な変化（通時的変化）を考えることもできる［141頁の参考図を参照］。それは、言語の創造的な使用、また、絵画における新しいスタイルの生成につながることである。

　言語においては、文や単語といった手段によって「差異」が体系の「項（語彙）」としてかなり固定され、その項が結節点となるが、感性的表象の場合には、画像がその手段（媒体）になっており、それはまた、画像の形をとることによって公共性（間主観性）を獲得する。感性的表象は、明瞭な分節化の手段からなる言語と比べると、「差異と関連性」の明確さという点では劣るかもしれないが、その代わり、知覚、身体的動作としての表現や理解ときわめて近く、流動性と細かさをもつ。そうした点で、言語的表象にはないメリットをもつと考えられる。

　いずれの場合にも、広い意味での「経験」がそれらの表現体系の変遷の原動力になると考えられる。そこには、類型や既知性という側面、つまり、ど

ちらかというと「限定的」な側面があり、それらが経験における「意味」と呼ばれうるが、経験にはまた、「未知性」や「無限定」の側面もある。

さて、本書であつかった領域を概観すれば、「言語」と「画像」（絵画）という二つの表現形態と「経験」という項が考えられ、また、それぞれの相互関係を考えることができる。

「言語」と「経験」については第3章第2節において、「画像」（絵画）と「経験」については、第4章において考察した。「言語」と「画像」という表現相互の関係については、触れることはできなかったが、たとえば、概念を単純な図によって表現する「ピクトグラム」のようなさまざまな関連が考えられるであろう。

「差異と関連性」について「可能性」ということに言及したが、われわれの生活とのつながりを考えてみれば、たとえば、レオナルド・ダ・ヴィンチの飛行のための道具や建築物の設計図のようなもの、また、グスタフ・クリムトの女性画が、ファッションデザインでもあったことなどが思い起こされるところである。

「社会システム論」の構想で知られる社会学者ニクラス・ルーマンは『社会の芸術』[1] のなかで、「芸術作品は、意味を用いることにより想像的あるいは虚構的な現実を構成しもする」と述べている（236 頁）。そして、社会の中での芸術の機能を、「知覚を社会のコミュニケーション連関のなかに引き入れる」という点に見ている（234 頁）。

こういったルーマンの考えは、「芸術」を「知覚」、「可能性」、「意味」と関連づけている点で、これまでみてきたメルロ＝ポンティの考えと親近性があると思われる。

まとめ：言語的表象と絵画的表象、連合関係

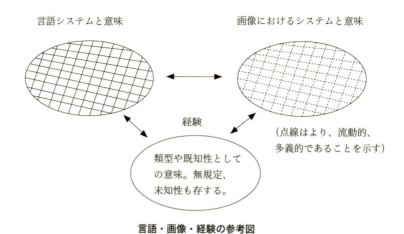

言語・画像・経験の参考図

注

1　ルーマン『社会の芸術』231-236 頁。

振り返りとさらなる問題

振り返り

　本書での考察を振り返っておこう。

　まず各章を追ってみていく。

　第1章で、「言語的表象」に関連して、古典的哲学の中で最初に参考にしたのは、プラトンのイデア論であり、そこでの結論は、「イデア」の特質は、われわれが「言葉の意味」と呼んでいるものに当てはまるということであった。

　つぎに、「イデア」に発するデカルトやロックの「観念」の思想を検討した。とくにロックの「記号」についての思想は、われわれが日常思い描く「言語的コミュニケーション」についての考えに親近的な考え方であった。

　「感性的表象」に関しては、エピクロスの「エイドーラ」の考えを最初に紹介した。心身二元論を背景として「エイドーラ」の考えを斥けたのは、デカルトの生理学的「視覚論」であった。われわれは、それに対するロンバードとメルロ＝ポンティの批判的姿勢をみておいた。

　さて、言語的表象（概念）と感性的表象（知覚）の関連を考えたのはカントであった。彼は「想像力（構想力）」の所産である「図式」が両者を媒介すると考えたのである。「図式」とは、個々の「像」ではなく、「想像力によって思い描く仕方」のことであった。

　第2章以降は、以上の問題を、「言語」と「感性的表象」（知覚、画像表象）、および、それらの関連というかたちで考察した。

　第2章では、まず、分類における「差異」の役割について、アリストテレスを手がかりに考察した。ついで、ソシュールに従って、言語「記号」は「シ

ニフィアン」としての音や文字と「シニフィエ」としての意味をそなえており、いずれもの面を考えても、「差異と関連」からなっており、「意味」はそうした「差異と関連」にそくして、「連合」関係として考えることができるということをみた。また、それに即したメルロ＝ポンティの創造的な言語使用の考え方をみた。

第3章では、メルロ＝ポンティの絵画論に密接につながる現象学の諸問題を解説した。

その第1節、第2節では、フッサールの言語的表現（判断）と前言語的経験の取り扱いをみた。フッサールは、前言語的経験においては、対象の「類型」的把握がはたらいており、既知性と未知性からなる経験のプロセスを導く役割を果たしていると捉え、そこに「意味」が存することを認めていた。そして、これを手がかりに前言語的経験の「意味」と言語的判断の「意味」の関連を考察した。

そのほか、第3章では、意味や経験と関連する「身体」と「他者」、絵画のあり方と関連する「画像意識」についてみた。

第4章でのメルロ＝ポンティの絵画論の考察は、世界の中での身体的知覚と行為やその有意味性についてみたあと、絵画の制作やその意味を考察した。その中心思想は、クレーの「芸術は見えるものを再び与えるのではなく、見えるようにするのである」という言葉に集約されるように思われる。そののち、「絵画における意味」を考察し、「言語における意味」との対比も試みた。その含意の考察のために、カンディンスキーの考えに触れた。

次に、メルロ＝ポンティのほかに本書で大きく扱ったソシュール、フッサールに関連して本書の考えをまとめれば次のようになるであろう。

言語の考察に集中したソシュールは、「対象に関する経験に含まれる意味」ということは、是認しなかったかもしれない。しかし、フッサールやメルロ＝ポンティにそくしてみてきたように、言葉を対象に適用すること、対象について語ること、幼児の言語習得といった事柄を考えてみれば、世界やその経験が分節化して現れており、それに応じて「意味」をもつということは是認されるのではないだろうか。

振り返りとさらなる問題　145

　一方、フッサールは、「論理学の超越論的基礎づけ」というプロジェクトのもとで、経験の場を基礎として、いかにして言語的・論理的形式が生成するかという問題に取り組んだため、言語や言語的意味が経験に影響を与えることについて、積極的に考察していなかったように思われる。だが、言語の記号的側面を考えれば、言語表現独自のはたらきや創造性を重視すべきであったと考えられる。

　以上のフッサールとソシュールの思考を取り入れたメルロ＝ポンティに従って考察するならば、知覚（経験）と、言語や絵画という媒体の関連を本書でみてきたように捉えることができると思われるのである。

さらなる問題

　さて、これまでの本書の論述を振り返ってみると、さらに、考察すべきいくつかの問題が存すると思われる。

　第一に、「言語の意味」の問題であるが、筆者は、その意味を概念の「内包」と考え、その形成過程をソシュールの「差異や関連性」の思想によって考えた。「内包」としての「意味」は、おおむねフッサールやフレーゲがとっていた見方であり、現代英米の哲学者の中で言えば、ジョン・サールの考えに親近的である[1]。しかしながら、「意味とは何か」という問題については現代の哲学においては、多くの見解、扱い方が存するところでもあり、それらも考慮して、さらなる考察が必要であろう[2]。

　次に、メルロ＝ポンティの絵画論について、ヴィーズィンクの解釈やクレー、カンディンスキー、などを参考に考察してきたが、改めて、知覚における可視性と画像における可視性の違いが、換言すれば、画像という媒体によって可視性はどのように変化するのかが問われなければならないであろう。また、その際、絵画と写真などといった画像の違いも顧慮しなければならないであろう。

　また、先の問いとも関連するが、言語と画像という「媒体」によって「意味」の在り方はどのように違うかということも問われなければならないであろう。言語の場合には、ソシュールも注意していたように、「媒体」は線型的であ

るのに対して、画像の場合には、見る順序は定まっておらず、画像内容は一挙に与えられているのである。そうした違いは、「意味」に対してどのような違いをもたらすのであろうか[3]。

振り返ってみると、さらに考察すべき事柄として、以上のような問題が浮かび上がってくる。だが、こうした課題があるとはいえ、もちろん、メルロ＝ポンティの「表象媒体」と「意味」の考察は多くの魅力的な内容を具えていた。とくに、「表象媒体」の問題を正面から取り上げている点で、言語に関しても、絵画に関しても、彼の思想は貴重である。

上の問題のいくつかは、時代的にもメルロ＝ポンティののちに本格的に論じられるようになってきた問題でもあり、その点では、彼はそうした探求の先駆者である。この意味で、筆者もメルロ＝ポンティやその後の議論を追いながら考察を進めたいと考えている。

注

1 たとえば、『志向性』277 頁以下を参照。

2 その際のヒントとして、まずは、エディ『ことばと意味─言語と現象学─』の「IV 言語における意味のさまざまなレベル」をあげることができる。

3 両方の表現（表象）の違いに関するヒントとして、ベーム「造形的形象の解釈学」を参照。彼はそこで、「陳述文は、事物的な主語と変化する述語との分離[つまり「Sは p である」といった分離（小熊）]を前提に成立しているが、形象現出にはそうした前提は見あたらない」と述べている（416-7 頁）。

参照文献

（引用にあたっては、翻訳を変更した場合もある）

メルロ＝ポンティの著作：
- 『行動の構造』みすず書房、滝浦静雄・木田元訳、1964.
  (*La structure du comportement*, puf.1942[1].)
- 『知覚の現象学』中島盛夫訳、法政大学出版局、1982.
  (*Phénoménologie de la perception*, Gallimard, 1945[1].)
- 『世界の散文』みすず書房、滝浦静雄・木田元訳、1979.
  (*La Prose du Monde*, Gallimard,1969.)
- 『シーニュ 1』（みすず書房）、1969.
- 『シーニュ 2』（みすず書房）、1970.
  (*Singes*, Gallimard, 1960.)
- 「セザンヌの疑惑」（粟津則雄訳）『意味と無意味』（みすず書房、1983）所収
  (*Le Doute De Cezanne*, in *Sens Et Non-sens*, Nagel, 1966.)
- 『間接的言語と沈黙の声』（『シーニュ 1』所収）
  (*Le Langage indirect et les Voix du Silence*, in :Singes.)
- 『眼と精神』、みすず書房、滝浦・木田訳、1966.
  (*L'Oeil et l'Esprit*, Gallimard, 1964.)
- 『幼児の対人関係』：『眼と精神』所収。
  (*Les cours de Sorbonne, les Relations avec autrui chez l'enfant*, C.D.U. 1962.)
- 『人間の科学と現象学』：同上
  (*Les cours de Sorbonne, Les sciences de l'homme et la phénomenologie*, C.D.U. 1962.)
- 『意識と言語の獲得』みすず書房、木田元・鯨岡峻訳、1993.
  (*Psychologie et pédagogie de l'enfant Cours de Sorbonne* 1949-1952, Cynara, 1988.)

フッサールの著作：
　『フッサール著作集（Husserliana）』は、巻数を "Hua"、引用における頁数を "S." によって示すことがある。
- 『デカルト的省察』、岩波書店、浜渦辰二訳、2001.
  (*Hua1, Cartesianische Meditationen und Pariser Vorträge*, Martinus Nijhoff, 1950.)
- 『イデーン第一巻』、みすず書房、渡辺二郎訳、I-1,I-2、1979,1984.
  (*Hua3/1, Ideen zu Einer Reinen Phänomenologie und Phänomenologischen Philosophie Erstes Buch*, 1976.)
- 『イデーン第二巻』、みすず書房、立松弘孝ほか訳、II-1、2001.
  (*Hua 4, Ideen zu Einer Reinen Phänomenologie und Phänomenologischen Philosophie Zwites Buch*, 1952.)

- 『フッサリアーナ第 23 巻　想像、像意識、想起　1898-1925』
  (*Hua23, Phantasie, Bildbewusstsein, Erinnerung 1898-1925*, 1980)
- 「幾何学の起源」、『ヨーロッパ諸学の危機と超越論的現象学』、細谷恒夫・木田元訳、中央公論社、1974、所収　(Beilage III, in : *Hua 6. Die Krisis der Europäischen Wissenschaften und die Transzendentale Phänomenologie*,)。デリダ、Ｊ．：『幾何学の起源』序説、田島節夫他訳、青土社、1976.
- 『経験と判断』、河出書房新社、長谷川宏訳、1975．同書はフッサールの草稿に基づいて、Ｌ．ラントグレーベが編集した書物である。
  (*Erfahrung und Urteil*, Felix Meiner, 1972, 19381 .)

- アリストテレス：『形而上学』、出隆訳、岩波書店、1968.
- 市川浩：『精神としての身体』、勁草書房、1975.
- 今井むつみ：『ことばの発達の謎を解く』、筑摩書房、2013.
- 今井むつみ：『言葉をおぼえるしくみ』、筑摩書房、2014.
- ヴァレラ，Ｆ．ほか：『身体化された心』、工作社、2001.
  (Francisco. J. Varela, Evan Thompson and Eleanor Rosch, *The Embodied Mind*, MIT,1991.)
- エディ，Ｊ．Ｍ．：『ことばと意味―言語の現象学』、滝浦静雄訳、岩波書店、1980.
  (James M. Edie, *Spieking & Meaning*, Indiana University Press, 1976.)
- エピクロス：『エピクロス』、出隆、岩崎允胤訳、岩波書店、1959.
- 小熊正久・清塚邦彦 (編)：「画像表象と中立性変様」『画像と知覚の哲学―現象学と分析哲学からの接近』所収、東信堂、2015.
- 小熊正久、「フッサール現象学における『想像』と『画像意識』の分析」、『思索』(東北大学哲学研究会、第五一号)、2018.
- 小熊正久：「メルロ＝ポンティにおける『諸感官の関連性』と絵画――『眼と精神』の理解のために」、山形大学人文学部研究年報、第 14 号、2017.
- カッシーラー：『認識問題 2 - 2』、須田朗・宮武昭・村田晋一訳、みすず書房、2003.
- 加藤尚武：『かたちの哲学』、岩波書店、2008.
- 神吉敬三：「解説、画家論」『世界の大画家　12　エル・グレコ』所収、中央公論社、1982.
- 川上弘美：『蛇を踏む』、文芸春秋、1996.
- 川畑秀明：『シリーズ統合的認知　第 5 巻　美感』、横澤一彦編、勁草書房、2018.
- カンディンスキー：『抽象芸術論』美術出版社、西田秀穂訳、1958.
- カンディンスキー：『点・線・面』美術出版社、西田秀穂訳、1959.
- カンディンスキー：『芸術と芸術家』美術出版社、西田秀穂・西村規矩夫訳、1962.
- カント：『純粋理性批判　上、下』、理想社、原佑訳、1966.
  (Immanuel Kant, *Kritik der reinen Vernunft*, 1787².)
- クレー，Ｐ．：『造形思考　上』筑摩書房、土方定一他訳、2016.
- 齋藤茂吉：『斎藤茂吉歌集』岩波書店、1958.

- サール，Ｊ・Ｒ．:『志向性』誠信書房、坂本百大監訳、1997.
  (John R. Searle, *Intentionality*, Cambridge U.P.,1983.)
- サルトル:『文学とは何か』人文書院、サルトル全集第九巻、加藤周一・白井健三郎他訳、1964.
  (Jean-Paul Sartre, *Qu'est-ce que la littérature ?*, Gallimard, 1948.)
- ソシュール:『一般言語学講義』、研究社、町田健訳、2016.
  (*Cours de linguistique generale*, 1916)
- 滝浦静雄:『想像の現象学』、紀伊国屋書店、1972.
- ダマシオ，Ａ.:『無意識の脳 自己意識の脳』(のち『意識と自己』と改題)、講談社、2003.
- デカルト:『省察』、山田弘明訳、筑摩書房、2006.
  (*Meditationes de prima philosophia, in qua Dei existentia et animae immortalitas demonstratur*, Oeuvre de Descartes, publiées par Ch. Adam et P. Tannery, tome VII. 原典初版 1641.)
- デカルト:『人間論』、『デカルト著作集 4』所収、伊東俊太郎・塩川徹也訳、白水社、1973.（原典初版 1662.）
- トマセロ，Ｍ.:『コミュニケーションの起源を探る』勁草書房、2013.
  (Michael Tomasello, *Origins of Human Communication*, MIT Press, 2008.)
- バークリー:『人知原理論』、宮武昭訳、筑摩書房、2018.
- バークリー:『視覚新論』下條信輔・植村恒一郎・一ノ瀬正樹訳、一ノ瀬・下條・鳥居修晃解説、勁草書房、1990.
- パノフスキー，Ｅ.:『イデア』伊藤博明・富松保文訳、平凡社、2004.
- パノフスキー，Ｅ.:『〈象徴形式〉としての遠近法』木田元監訳、筑摩書房、2009.
- フィードラー，Ｋ.:『藝術作品の根源』(中央公論社『世界の名著 近代の芸術論』、1974、所収、山崎正和・物部晃二訳)。(*Ursprung der Künstlerischen Tätigkeit*(1887), in: *Konrad Fiedler Schriften Zur Kunst I , Eingeleitet von Gottfried Boehm*, 1991²)
- プラトン:『パイドン』岩田靖夫訳、岩波書店、1998.
- プラトン:『テアイテトス』渡辺邦夫訳、筑摩書房、2004.
- プラトン:『プラトン全集 3 ポリティコス (政治家)』水野有庸訳、岩波書店、1976.
- プラトン:『国家 下』藤沢令夫訳、岩波書店、1976.
- フレーゲ，Ｇ.:「意義と意味について」『フレーゲ著作集 4』所収、土屋俊訳、勁草書房、1999.(*Über Sinn und Bedeutung*, 1892.)
- ベーム，Ｇ.:『ポール・セザンヌ《サント・ヴィクトワール山》』岩城見一・實渕洋次訳、三元社、2007.
  (Gottfried Boehm, *Paul Cézanne Montagne Sainte-Victoire* , Insel, 1988.)
- ベーム，Ｇ.:「造形的形象の解釈学」(岩城見一訳、『現象学の展望』(新田義弘・村田純一編)所収) 国文社、1986.
  (*Zu der Hermeneutik des Bildes*, in: *Die Hermeneutik und die Wissenschaften*, 1978, Suhrkamp.)
- 町田健:『言語がうまれるとき・死ぬとき』大修館書店、2001.
- 町田健:『ソシュールと言語学』、講談社、2004.

- マルロオ，A．：『東西美術論 1　空想の美術館』、新潮社、小松清訳、1957.
　（*Le Musée Imaginaire, Premier Volume des Essais De Psychologie de L'art , André* Malraux.）
- マルロオ，A．：『東西美術論 2　芸術的創造』、新潮社、小松清訳、1957.
　（*Le Creation Artistique, Deuxiem Volume des Essais Des Psyhologie de L'art.*）
- 丸山圭三郎：『ソシュールの思想』、岩波書店、1981.
- 三浦佳世編：『現代の認知心理学 1 知覚と感性』、北大路書房、2010.
- モハンティ，J．N．『フッサールとフレーゲ』貫成人訳、勁草書房、1991.
　（Mohanty, *Husserl and Frege*, 1982, Indiana U.P.）
- 山田圭一：「アスペクト転換において変化するもの」、小熊・清塚編（2015）所収.
- ルーマン，N．：『社会の芸術』馬場靖雄訳、法政大学出版局、2004.
　（Luhmann, Niklas. *Die Kunst der Gesellschaft*, Suhrkamp, 1995）
- ロック，J．：『人間知性論』、『世界の名著　ロック　ヒューム』所収、大槻春彦訳、1980. （John Locke: *An Essay concerning Human Understanding*, 1689[1].）
- ロンバード，Th・J．：『ギブソンの生態学的心理学』、勁草書房、2000.
　（Lombardo, Thomas, J. : *The Reciprocity of Perceiver and Environment*, 1987.）
- 渡辺正峰：『脳の意識　機械の意識』、中央公論社、2017.

- Galen A. Johnson（ed.）: *The Merleau-Ponty Aesthetics Reader*, Northwestern University Press, Evanston, Illionis, 1993.
- Galen A. Johnson : *Structures and Painting: "Indirect Language and the Voices of Science"*, in : Galen A. Johnson（ed.）,1993.
- Linda Singer: *Merleau-Ponty on the Concept of Style*, in : Galen A. Johnson（ed.）,1993.
- Thompson, E. : *Mind in Life*, Belknap Harvard, 2007.
- Wiesing, Lambert :*Phänomene im Bild*, Wilhelm Fink, 2000.

参考図

#1 ラスコーの洞窟の岩壁の動物たち
https://upload.wikimedia.org/wikipedia/commons/1/1e/Lascaux_painting.jpg　による。

#2 エル・グレコ 「聖アンドレアと聖フランチェスコ」
中央公論社『カンヴァス世界の大画家12　エル・グレコ』による。

#3 レオナルド・ダ・ヴィンチ 「受胎告知」
https://upload.wikimedia.org/wikipedia/commons/thumb/b/b0/Annunciation_%28Leonardo%29_%28cropped%29.jpg/400px-Annunciation_%28Leonardo%29_%28cropped%29.jpg　による。

152

#4　シャガール「緑のヴァイオリン弾き」、アムステルダム市美術館蔵
http://www.artmuseum.jpn.org/vaiorin.jpg　による。

#5　セザンヌ　「たんすのある静物」（部分）ハーヴァード大学附属フォッグ美術館蔵
中央公論社『カンヴァス世界の名画8　セザンヌ』による。

#6　ジェリコー「エプソンの競馬」
中央公論社『カンヴァス世界の名画3アングルとドラクロワ』による。

参考図　153

♯7　デュシャン　「階段を降りる裸体 No. 2」
中央公論社『カンヴァス世界の名画 21　キリコとデュシャン』による。

♯8　ティントレット　「ゴルゴダの丘」
https://blog-001.west.edge.storage-yahoo.jp/res/blog-4e-68/thegospel1015/folder/1563893/20/67175920/img_0?1405237614　による。

＃9 セザンヌ 「サント・ヴィクトワール山」1904〜1906年、フィラデルフィア美術館蔵

中央公論社『カンヴァス世界の名画8 セザンヌ』による。

＃10 セザンヌ 同上、部分

＃11 カンディンスキー「任意の曲線と点――幾何学的曲線による伴奏」

カンディンスキー『点・線・面』より。

あとがき

　本書では、メルロ＝ポンティの言語表現と絵画についての論考を中心に、表現の「意味」について考察した。

　古典的哲学者やソシュールの思想、現象学的身体論、他者論は、それぞれが巨大なテーマであり、簡単に扱うことはできない問題を含むが、深く立ち入ることはしなかった。不十分な点もあるとは思うが、メルロ＝ポンティの考えを明確化するための扱いとして了解されたい。

　表象媒体という観点からメルロ＝ポンティの表現論を紹介したが、さらに考察すべき問題にも気づかされた。言語表現と絵画を中心とした画像的表現の理解や考察の一助としていただければ幸いである。

　本書で扱った「画像」、「想像」といったテーマで時々に研究会をおこなったが、その参加者諸氏、長くお世話になっている東北哲学会の方々、種々の援助をいただいた山形大学人文社会科学部の皆様に感謝申し上げたい。

　本書は、科研費補助金［基盤研究（Ｃ）、JP18K00007、研究課題名「現象学における想像と画像意識の追究―フッサールを起点として―」］による成果である。

　前著も含め、企画に賛同とアドバイスをいただいた東信堂の下田社長に謝意を表したい。

事項索引

（主要な事項と箇所のみ）

ア行

意味　　45, 49, 51, 59, 72, 80, 127
意味付与（意味志向）と意味充実　　75
意味のイデア性（理念性、不変性、同一性）
　　11, 51, 93
意味と対象　　74
イデア（論）　　7-11
エイドーラ　　12
音（音素）　　29, 49

カ行

概念　　38, 45
画像意識　　107-111
間主観性　　99-107
観念　　19, 25, 45, 55
感性と悟性　　35
関連性　　53, 82, 87, 123
記号　　27, 48-50, 73, 78, 94, 128
共時態と通時態　　62
コミュニケーション（ないし伝達）　　28, 79, 140

サ行

差異　　46, 50, 51, 54, 64, 88
視覚　　12, 20, 34, 81
志向（性）　　95、98, 102, 104, 105
実体　　19
シニフィアンとシニフィエ　　49
心身　　17, 18

身体　　18, 95, 123

スタイル　　68, 119, 121, 135
図式（論）　　38, 92
生得観念　　19
前述定的経験　　80
想像　　39, 76, 90, 110
像　　39, 107, 108, 123

タ行

他者（人）　　29, 99, 103
知覚的意味　　76, 116, 130
知覚野　　85, 118
抽象観念　　27, 32
定義（アリストテレスの）　　46

ナ行

内包・外延　　51, 60

ハ行

媒体　　3, 12, 64, 107
非現実性（画像の）　　110
表象　　3
本質看取　　89

ラ行

連合　　34, 53, 56, 83
類型　　82

人名索引

（主要な人名と重要箇所のみ）

アンドレ・マルロー	119	フィードラー	127
ヴァレラ	42	フレーゲ	111
ヴィーズィンク	137	プラトン	7-12
エピクロス	12	ベーム，ゴットフリート	131
カッシーラー	42, 43	モハンティ	77
カンディンスキー	132-135	ルーマン，ニクラス	140
カント	35-42	ロック，ジョン	25-31
クレー，パウル	125, 127, 137	ロンバード，トマス	12, 22
グレコ，エル	121		
サール，ジョン	145	今井むつみ	57, 58
サルトル	127	加藤尚武	34
セザンヌ	124, 125, 131	川畑秀明	112
デカルト	14-23, 99	河邉隆寛	126
デモクリトス	12	滝浦静雄	113
トマセロ，マイケル	105	町田健	48, 61, 62, 68
バークリー	32-35	丸山圭三郎	69
パノフスキー	42, 137		

著者紹介

小熊　正久（おぐま　まさひさ）

1951 年、新潟県生まれ。
東北大学大学院満期退学。博士（文学）。
山形大学名誉教授。
主な業績：著作『画像と知覚の哲学― 現象学と分析哲学からの接近』（東信堂、2015
年、共編著）、論文「フッサール現象学における『想像』と『画像意識』の分析」
『思索』（東北大学哲学研究会、第 51 号、2018 年）、翻訳；H・ブルーメン
ベルク『コペルニクス的宇宙の生成Ⅰ～Ⅲ』（法政大学出版局、2002-2011
年、共訳）、など。

メルロ＝ポンティの表現論―言語と絵画について―

2019 年 10 月 10 日　　　初　版第 1 刷発行　　　　　　　　　　　〔検印省略〕

著者ⓒ小熊正久／　発行者　下田勝司　　　　　　　　印刷・製本／中央精版印刷株式会社

東京都文京区向丘 1-20-6　　　郵便振替 00110-6-37828

〒 113-0023　TEL（03）3818-5521　FAX（03）3818-5514　　　　発 行 所　株式会社 東 信 堂
Published by TOSHINDO PUBLISHING CO., LTD.
1-20-6, Mukougaoka, Bunkyo-ku, Tokyo, 113-0023, Japan
E-mail : tk203444@fsinet.or.jp http://www.toshindo-pub.com

ISBN978-4-7989-1590-6 C3010　Copyright ⓒ Oguma Masahisa

東信堂

木田直人・鈴木泉／乗立雄輝・松永澄夫 編集

ひとおもい 創刊号	松永澄夫 編集	二五〇〇円
感情と意味世界	松永澄夫	二八〇〇円
経験のエレメント——体の感覚と物象の知覚・質と空間規定	松永澄夫	四六〇〇円
価値・意味・秩序——もう一つの哲学概論::哲学が考えるべきこと	松永澄夫	三九〇〇円
哲学史を読むⅠ・Ⅱ	松永澄夫	各三八〇〇円
メンデルスゾーンの形而上学——また一つの哲学史	藤井良彦	四二〇〇円
概念と個別性——スピノザ哲学研究	朝倉友海	四六四〇円
〈現われ〉とその秩序——メーヌ・ド・ビラン研究	村松正隆	三八〇〇円
省みることの哲学——ジャン・ナベール研究	越門勝彦	三八〇〇円
ミシェル・フーコー——批判的実証主義と主体性の哲学	手塚博	三二〇〇円
メルロ=ポンティとレヴィナス——他者への覚醒	屋良朝彦	三八〇〇円
メルロ=ポンティの表現論——言語と絵画について	小熊正久	一九〇〇円
画像と知覚の哲学——現象学と分析哲学からの接近	清塚邦彦 著	二九〇〇円

《哲学への誘い——新しい形を求めて 全5巻》

哲学の立ち位置	松永澄夫	三三〇〇円
哲学の振る舞い	松永澄夫	三三〇〇円
社会の中の哲学	松永澄夫	三三〇〇円
世界経験の枠組み	浅田淳一 編	三二〇〇円
自己	伊佐敷隆弘 編	三二〇〇円

食を料理する——哲学的考察	松永澄夫 編	二〇〇〇円
言葉の力（音の経験・言葉の力第Ⅰ部）	松永澄夫	二五〇〇円
音の経験（音の経験・言葉の力第Ⅱ部）——言葉はどのようにして可能となるのか	松永澄夫	二八〇〇円
言葉は社会を動かすか	松永澄夫 編	二三〇〇円
言葉の働く場所	松永澄夫 編	二三〇〇円
言葉の歓び・哀しみ	松永澄夫 編	二三〇〇円
環境という価値は…	松永澄夫 編	二〇〇〇円
環境安全という価値は…	松永澄夫 編	二三〇〇円
環境設計の思想	松永澄夫 編	二三〇〇円
環境文化と政策	松永澄夫 編	二三〇〇円

〒113-0023　東京都文京区向丘1-20-6
TEL 03-3818-5521　FAX 03-3818-5514　振替 00110-6-37828
Email tk203444@fsinet.or.jp　URL:http://www.toshindo-pub.com/

※定価：表示価格（本体）＋税

東信堂

オックスフォード キリスト教美術・建築事典 — P&L・マレー著／中森義宗監訳 … 三〇〇〇〇円
イタリア・ルネサンス事典 — J・R・ヘイル編／中森義宗監訳 … 七八〇〇円
美術史の辞典 — P・デューロ他／中森義宗監訳 … 三六〇〇円
涙と眼の文化史——中世ヨーロッパの標章と恋愛思想 — 徳井淑子訳／中森義宗・清水忠訳他 … 三六〇〇円
青を着る人びと — 伊藤亜紀 … 三五〇〇円
社会表象としての服飾——近代フランスにおける異性装の研究 — 新實五穂 … 三六〇〇円

書に想い 時代を讀む — 河田悌一 … 一八〇〇円
日本人画工 牧野義雄——平治ロンドン日記 — ますこ ひろしげ … 五四〇〇円
美を究め美に遊ぶ——芸術と社会のあわい — 江藤光紀・荻野厚志編著 … 二八〇〇円
象徴主義と世紀末世界 — 中村隆夫 … 二六〇〇円
バロックの魅力 — 小穴晶子編 … 二六〇〇円
新版 ジャクソン・ポロック — 藤枝晃雄 … 二六〇〇円
西洋児童美術教育の思想——ドローイングは豊かな感性と創造性を育むか？ — 前田茂監訳／要真理子監訳 … 三六〇〇円
ロジャー・フライの批評理論——知性と感受性の間で — 要真理子 … 四二〇〇円
レオノール・フィニ——境界を侵犯する新しい種 — 尾形希和子 … 二八〇〇円

〔世界美術双書〕

バルビゾン派 — 井出洋一郎 … 二〇〇〇円
キリスト教シンボル図典 — 中森義宗 … 二〇〇〇円
パルテノンとギリシア陶器 — 関隆志 … 二三〇〇円
中国の版画——唐代から清代まで — 小林宏光 … 二三〇〇円
象徴主義——モダニズムへの警鐘 — 中村隆夫 … 二三〇〇円
中国の仏教美術——後漢代から元代まで — 久野美樹 … 二三〇〇円
セザンヌとその時代 — 浅野春男 … 二三〇〇円
日本の南画 — 武田光一 … 二三〇〇円
画家とふるさと — 小林忠 … 二三〇〇円
ドイツの国民記念碑——一八一三—一九一三年 — 大原まゆみ … 二三〇〇円
日本・アジア美術探索 — 永井信一 … 二三〇〇円
インド、チョーラ朝の美術 — 袋井由布子 … 二三〇〇円
古代ギリシアのブロンズ彫刻 — 羽田康一 … 二三〇〇円

〒113-0023　東京都文京区向丘1-20-6
TEL 03-3818-5521　FAX 03-3818-5514　振替 00110-6-37828
Email tk203444@fsinet.or.jp　URL·http://www.toshindo-pub.com/

※定価：表示価格（本体）＋税

東信堂

- 倫理学と法学の架橋——ファインバーグ論文選　J・ファインバーグ　嶋津・飯田編、監訳　六八〇〇円
- 責任という原理——科学技術文明のための倫理学の試み〈新装版〉　H・ヨナス　加藤尚武監訳　四八〇〇円
- 主観性の復権——心身問題から『責任という原理』へ　H・ヨナス　宇佐美・滝口訳　二〇〇〇円
- ハンス・ヨナス「回想記」　盛永・木下・馬渕・山本訳　四八〇〇円
- 生命の神聖性説批判　H・クーゼ　石川・小野谷・片桐・飯田訳　四六〇〇円
- 生命科学とバイオセキュリティ——デュアルユース・ジレンマとその対応　四ノ宮成祥　河原直人編著　二四〇〇円
- 医学の歴史　今井道夫　石渡隆司監訳　四六〇〇円
- 安楽死法：ベネルクス3国の比較と資料　盛永審一郎監修　二七〇〇円
- 死の質——エンド・オブ・ライフケア世界ランキング　丸祐一・小野谷加奈恵・飯田亘之訳　一二〇〇円
- バイオエシックスの展望　松島哲久・浦昭子編著　三三〇〇円
- 死生学入門——小さな死・性・ユマニチュード　大林雅之　一二〇〇円
- 生命の問い——生命倫理学と死生学の間で　大林雅之　一二〇〇円
- 生命の淵——バイオシックスの歴史・哲学・課題　大林雅之　三六〇〇円
- 今問い直す脳死と臓器移植〔第2版〕　澤田愛子　二〇〇〇円
- キリスト教から見た生命と死の医療倫理　浜口吉隆　二三八一円
- 動物実験の生命倫理——個体倫理から分子倫理へ　大上泰弘　四〇〇〇円
- 医療・看護倫理の要点　水野俊誠　二〇〇〇円
- テクノシステム時代の人間の責任と良心　H・レンク　山本・盛永訳　三五〇〇円
- 原子力と倫理——原子力時代の自己理解　Th・リット　小笠原道雄編　一八〇〇円
- 科学の公的責任——科学者と私たちに問われていること　Th・リット　小笠原・野平編訳　一八〇〇円
- 歴史と責任——科学者は歴史にどう責任をとるか　Th・リット　小笠原・野平編訳　一八〇〇円
- 〈ジョルダーノ・ブルーノ著作集〉より
- カンデライオ　加藤守通訳　三二〇〇円
- 原因・原理・一者について　加藤守通訳　三二〇〇円
- 傲れる野獣の追放　加藤守通訳　四八〇〇円
- 英雄的狂気　加藤守通訳　三六〇〇円
- ロバのカバラ——ジョルダーノ・ブルーノにおける文学と哲学　N・オルディネ　加藤守通監訳　三六〇〇円

〒113-0023　東京都文京区向丘1-20-6　　TEL 03-3818-5521　FAX03-3818-5514　振替 00110-6-37828
Email tk203444@fsinet.or.jp　URL:http://www.toshindo-pub.com/

※定価：表示価格（本体）＋税

東信堂

- 国際法新講〔上〕〔下〕　編集代表　田畑茂二郎　〔上〕二九〇〇円　〔下〕二七〇〇円
- ハンディ条約集〔二〇一九年版〕　編集代表　薬師寺・坂元・浅田　二六〇〇円
- 国際環境条約集〔第2版〕　編集代表　薬師寺・坂元・浅田　一五〇〇円
- 国際人権条約・宣言集〔第3版〕　編集　松井・富岡・坂元・薬師寺・小畑・徳川　八六〇〇円
- 国際機構条約・資料集〔第2版〕　編集　香西・安藤・…　三二〇〇円
- 判例国際法〔第3版〕　編集代表　薬師寺・坂元・…　三九〇〇円

- 日中戦後賠償と国際法　浅田正彦　五二〇〇円
- 国際法〔第4版〕　浅田正彦編著　二九〇〇円
- 国際環境法の基本原則　松井芳郎編著　三八〇〇円
- 講義　国際経済法　柳赫秀編著　四六〇〇円
- 国連の金融制裁―法と実務　吉村祥子編著　三二〇〇円
- 新版　国際商取引法　高桑昭　三六〇〇円
- 国際民事訴訟法・国際私法論集　高桑昭　六五〇〇円
- 21世紀の国際法と海洋法の現代的形成　高桑昭　七八〇〇円
- 国際海洋法と海洋法の課題　田中則夫　六八〇〇円
- 国際海峡　坂元茂樹編著　四六〇〇円
- 条約法の理論と実際　坂元茂樹　四二〇〇円
- 北極国際法秩序の展望：科学・環境・海洋　柴田明穂編著　五八〇〇円
- 北極海のガバナンス　城山英明編著　三六〇〇円
- 国際立法―国際法の法源論　村瀬信也　六八〇〇円
- 小田滋・回想の海洋法　小田滋　七六〇〇円
- 小田滋・回想の法学研究　小田滋　四八〇〇円
- 国際法と共に歩んだ六〇年―学者として裁判官として　小田滋　六八〇〇円
- 21世紀の国際法秩序―ポスト・ウェストファリアの展望　R・フォーク／川崎孝子訳　三八〇〇円
- 国際法から世界を見る―市民のための国際法入門〔第3版〕　松井芳郎　三六〇〇円
- 国際法／はじめて学ぶ人のための国際法入門〔新訂版〕　大沼保昭　三六〇〇円
- 国際規範としての人権法と人道法　篠原梓　三三〇〇円
- 戦争と国際人道法―その歴史とあゆみ　井上忠男　二四〇〇円
- 人道研究ジャーナル5・6・7・8号　日本赤十字国際人道研究センター編　各二八〇〇円
- 核兵器のない世界へ―理想への現実的アプローチ　黒澤満編著　二〇〇〇円
- 軍縮問題入門〔第4版〕　黒澤満編著　二三〇〇円
- 二五〇〇円

〒113-0023　東京都文京区向丘1-20-6　　TEL 03-3818-5521　FAX03-3818-5514　振替 00110-6-37828
Email tk203444@fsinet.or.jp　URL:http://www.toshindo-pub.com/

※定価：表示価格（本体）＋税

東信堂

（シリーズ　社会学のアクチュアリティ：批判と創造　全12巻）

書名	サブタイトル	編者	定価
クリティークとしての社会学	——現代を批判的に見る眼	宇都宮京子編	一八〇〇円
都市社会とリスク	——豊かな生活をもとめて	吉原直樹・浦野正樹編	一八〇〇円
言説分析の可能性	——社会学的方法の迷宮から	佐藤俊樹編	二二〇〇円
グローバル化とアジア社会	——ポストコロニアルの地平	友枝敏雄編	二〇〇〇円
公共政策の社会学	——社会的現実との格闘	三重野卓編	二三〇〇円
社会学のアリーナへ	——21世紀社会を読み解く	厚東洋輔編	二〇〇〇円
モダニティと空間の物語	——社会学のフロンティア	西原和久編	二二〇〇円
戦後日本社会学のリアリティ	——せめぎあうパラダイム	池岡義孝・斉藤日出治編	二二〇〇円

【地域社会学講座　全3巻】

地域社会学の視座と方法	似田貝香門監修	二五〇〇円
グローバリゼーション／ポスト・モダンと地域社会	古城利明監修	二五〇〇円
地域社会の政策とガバナンス	矢澤澄子監修	二七〇〇円

【シリーズ世界の社会学・日本の社会学】

タルコット・パーソンズ	——最後の近代主義者	中野秀一郎	二七〇〇円
ゲオルグ・ジンメル	——現代分化社会における個人と社会	居安正	一八〇〇円
ジョージ・H・ミード	——社会的自我論のゆくえ	船津衛	一八〇〇円
アラン・トゥーレーヌ	——現代社会の自我論の展開／新しい社会運動と	杉山光信	一八〇〇円
アルフレッド・シュッツ	——主観的時間と社会的空間	森元孝	一八〇〇円
エミール・デュルケム	——社会の道徳的再建と社会学／危機の時代の	中島道男	一八〇〇円
フェルディナンド・テンニエス	——ゲマインシャフトとゲゼルシャフト／時代と社会学	岩城完之	一八〇〇円
レイモン・アロン	——時代の中の社会学／透徹した警世家	吉田浩	一八〇〇円
カール・マンハイム	——時代を診断する亡命者	澤井敦	一八〇〇円
ロバート・リンド	——アメリカ文化の内省的批判者	園部雅久	一八〇〇円
アントニオ・グラムシ	——『獄中ノート』と批判社会学の生成	鈴木富久	一八〇〇円
費孝通	——民族自省の社会学	佐々木交賢	一八〇〇円
奥井復太郎	——都市社会学と生活空間論の創始者	藤本隆志	一八〇〇円
新明正道	——綜合社会学の探究	山本鎮雄	一八〇〇円
米田庄太郎	——新総合社会学の先駆者	中久郎	一八〇〇円
高田保馬	——理論と政策の探究	北島滋	一八〇〇円
戸田貞三	——実証社会学の先駆者／家族研究・無媒介的統一	川合隆男	一八〇〇円
福武直	——民主化と社会学の軌跡・現実化を推進	蓮見音彦	一八〇〇円

〒113-0023　東京都文京区向丘1-20-6　TEL 03-3818-5521　FAX03-3818-5514　振替 00110-6-37828
Email tk203444@fsinet.or.jp　URL:http://www.toshindo-pub.com/

※定価：表示価格（本体）＋税

東信堂

いま、教育と教育学を問い直す
——教育哲学は何を究明し、何を展望するか　森田尚人・松浦良充 編著　三二〇〇円

教育的関係の解釈学　坂越正樹 監修　三二〇〇円

教員養成を哲学する——教育哲学に何ができるか　下司晶・古屋恵太 編著　四二〇〇円

大学教育の臨床的研究——臨床的人間形成論第I部　田中毎実　二八〇〇円

臨床的人間形成論の構築——臨床的人間形成論第2部　田中毎実　二八〇〇円

人格形成概念の誕生——近代アメリカの教育・概念史　田中智志　三六〇〇円

社会性概念の構築——アメリカ進歩主義教育の概念史　田中智志　三八〇〇円

アメリカ進歩主義教授理論の形成過程——教育における個性尊重は何を意味してきたか　宮本健市郎　七〇〇〇円

ネオリベラル期教育の思想と構造——書き換えられた教育の原理　福田誠治　六二〇〇円

マナーと作法の社会学　加野芳正 編著　二四〇〇円

マナーと作法の人間学　矢野智司 編著　二〇〇〇円

学びを支える活動へ——存在論の深みから　田中智志 編著　二〇〇〇円

グローバルな学びへ——協同と刷新の教育　田中智志 編著　二四〇〇円

子どもが生きられる空間——生・経験・意味生成　高橋勝　二四〇〇円

流動する生の自己生成——教育人間学の視界　高橋勝　二四〇〇円

子ども・若者の自己形成空間——教育人間学の視線から　高橋勝 編著　二七〇〇円

文化変容のなかの子ども——経験・他者・関係性　高橋勝　二三〇〇円

アメリカ　間違いがまかり通っている時代——公立学校の企業型改革への批判と解決法　D・ラヴィッチ著　末藤美津子訳　三八〇〇円

教育による社会的正義の実現——アメリカの挑戦〈1945-1980〉　D・ラヴィッチ著　末藤美津子訳　五六〇〇円

学校改革抗争の100年——20世紀アメリカ教育史　D・ラヴィッチ著　末藤・宮本・佐藤訳　六四〇〇円

アメリカ公立学校の社会史——コモンスクールからNCLB法まで　W・J・リース著　小川佳万・浅沼茂 監訳　四六〇〇円

[コメニウスセレクション]

地上の迷宮と心の楽園　J・コメニウス　藤田輝夫訳　三六〇〇円

パンパイディア——生涯にわたる教育の改善　J・コメニウス　太田光一訳　五八〇〇円

覚醒から光へ——学問、宗教、政治の改善　J・コメニウス　太田光一訳　四六〇〇円

〒113-0023　東京都文京区向丘1・20・6
TEL 03・3818・5521　FAX03・3818・5514　振替00110・6・37828
Email tk203444@fsinet.or.jp　URL:http://www.toshindo-pub.com/

※定価：表示価格（本体）＋税

東信堂

学びと成長の講話シリーズ

① アクティブラーニングの技法・授業デザイン	安永　悟・関田一彦・水野正朗 編	一六〇〇円
② アクティブラーニングとしてのPBLと探究的な学習	溝上慎一・成田秀夫 編	一八〇〇円
③ アクティブラーニングの評価	松下佳代・石井英真 編	一六〇〇円
④ 高等学校におけるアクティブラーニング：理論編（改訂版）	溝上慎一 編	一六〇〇円
⑤ 高等学校におけるアクティブラーニング：事例編	溝上慎一 編	二〇〇〇円
⑥ アクティブラーニングをどう始めるか	成田秀夫	一六〇〇円
⑦ 失敗事例から学ぶ大学でのアクティブラーニング	亀倉正彦	一六〇〇円

① アクティブラーニング型授業の基本形と生徒の身体性　溝上慎一　一〇〇〇円

② 学習とパーソナリティー
　「あの子はおとなしいけど成績はいいんですよね！」をどう見るか　溝上慎一　一六〇〇円

大学生白書2018
—今の大学教育では学生を変えられない　溝上慎一　二八〇〇円

アクティブラーニングと教授学習パラダイムの転換　溝上慎一　二四〇〇円

グローバル社会における日本の大学教育
—全国大学調査からみえてきた現状と課題　溝上慎一編著　三八〇〇円

大学のアクティブラーニング
—全国大学の学科調査報告とカリキュラム設計の課題　河合塾編著　三二〇〇円

アクティブラーニングでなぜ学生が成長するのか
—経済系・工学系の全国大学調査からみえてきたこと　河合塾編著　二八〇〇円

「深い学び」につながるアクティブラーニング
—全国大学調査から　河合塾編著　二八〇〇円

「学び」の質を保証するアクティブラーニング
—3年間の全国大学調査から　河合塾編著　二〇〇〇円

社会に通用する持続可能なアクティブラーニング
—ICEモデルが大学と社会をつなぐ　土持ゲーリー法一　二五〇〇円

ポートフォリオが日本の大学を変える
—ティーチング/アカデミック・ポートフォリオの活用　土持ゲーリー法一　二五〇〇円

ティーチング・ポートフォリオ
—授業改善の秘訣　土持ゲーリー法一　二〇〇〇円

ラーニング・ポートフォリオ
—学習改善の秘訣　土持ゲーリー法一　二五〇〇円

〒113-0023　東京都文京区向丘1-20-6　TEL 03-3818-5521　FAX03-3818-5514　振替 00110-6-37828
Email tk203444@fsinet.or.jp　URL:http://www.toshindo-pub.com/

※定価：表示価格（本体）＋税